T0365729

RACCOLTA DI POESIE'
NAPOLETANE

ARMANDO TORRE

EDITOR: JINGXIAN PI

authorHOUSE®

AuthorHouse™
1663 Liberty Drive
Bloomington, IN 47403
www.authorhouse.com
Phone: 1 (800) 839-8640

Editor: Jingxian Pi
Images:
>*Cover image: Ocean Waives, Fire Island New York. Oil Painting by Armando Torre.*
>*Armando Torre Collections:*
>*Illstration 1: Porta Campuna, Naples*
>*Illstration 2: RIVIERA*
>*Illstration 3: PORTA CAPUANA*

Published by AuthorHouse 02/25/2015

ISBN: 978-1-4969-6406-9 (sc)
ISBN: 978-1-4969-6399-4 (e)

Library of Congress Control Number: 2015900735

Print information available on the last page.

This book is printed on acid-free paper.

Nato a Napoli nel 1930, emigrato nel 1958 dopo il servizio militare negli U.S.A. E pittore, scultore, poeta e a N.Y. dirige la sue galleria d'arte, esegue restauri su antichita' e pitture. Da giovane freguento' mostre d'arte a Napoli e conobbe a quel tempo la famosa Titina De Filippo e suo fratello Eduardo, dove nacque la passione per la poesia. Ebbe come maestri De Chirico, Ciro Arnese, Giuseppe Garigliani, Nicola Ascione, Guglielmo Migliore e molti altri del tempo. Fino al 1958 lavorò come capo reparto nelle principali fabbriche di ceramiche artistiche di Capodimonte.

Le sue poesie sono ricordi di Napoli e della sua fanciullezza nel dopo guerra.

POETA NAPOLETANO IN VERNACOLO

Dopo letto le poesie di Armando Torre

Comprese in questa raccolta, darne una definizione non riesce semplice. La Napoli di Armando Torre in bianco e' nero, rivela la vera maschera, il drama, comico la vita. La poesia di Armando Torre, se pure in forma semplice e' viva, ispira, si muove, intrappola nel tempo.

A descrivere questo universe poetico, esplorandolo dall'interno nel riviverlo, si puo ottenere una forma dovuta, l'espressione necessaria 'e genuine la vita. La poesia di Armando Torre Ha espresso Napoli in bianco e nero, la Napoletanita' cosi com'essa fu' da sempre storicamente rimane.

CONTENTS

§ 1

'E VI VE JE' MMUORTE

Ognie anne 'o duje e' Novembre puntualmente,
m'arriva sta' juornata commoventa,
andare al camposanto e' un dovero,
e' pircio' pur'io comm''e ll'ate,
m'avvia pe' sta' strada e' Puceriale.
Pe' ll'aria tutt''attuorno ce' st'addore,
de sciure frisco, cera 'e de cachis.
Strade affullate, puzz''e filobus.
Che panorama pare Persiano.
Strillene e' binarie d''o trentuno,
pure e' cavalle parene sfrenate,
taxi' e' carruzzelle vi che parata.
Pe' strade siente 'o schiamazzo de guagliune,
ca solita buate 'a crucettella,
facite buone 'e muorte,
pe' l'aneme 'e chi ve' muorte.
Ogge visitamme e' mmuorte,

ogge paragonamme e' vive je' muorte.
Puteche ghirlettate, ghirlande e' cuscinette,
cere, cannele e' canullotte.
E' vive tutt''e correne aunite,
so' 'e ricche, potestante. e' puverielle,
'a solita suppresa quanne arriva,
chi trova 'a nicchia 'o fuosso 'o na' cappella,
e chi addirittura tene 'o monumento.
Dich'io pure 'nterra Santa esiste 'a differenza?
Ma' e' muorte 'o sanno?
Torna 'o pensiero addo' pare normale,
e' recita la solita strunzata.
'O via vaje 'a ggenta stralunata,
facce avvilite, facce appaurite.
'A solita sfilate e' chi se' vesta,
'o chi che pezza 'ncule nun s'arresta.

Ma' tante 'e lloro manco so' venute,
chi pe mancanza e' tiempo 'o pe' denaro,
'o pe' decidere meglio e' muorte 'o accatta' 'o ppane.
Ma'e morte sanno tutto, capiscene, s'appacene,
dicennese tra' lloro, nun ci'affullate sule sta' juornata,
e po' pe' n'anno sano ce' scurdate.
Tornene 'a casa tutte sti mortale,
so' vive ca ritornane da e' muorte.
So' e' vive ca me parene gia' muorte.

§ 2

'E VERMICIELLE 'A VONGULE

Che smania che me vene sempe 'a chest'ora,
'e na' mania ca' nun me vo' lassa',
pe' tutt''e ll'aria sento gia' n'addore,
io quacche cosa forse essa magna'!
Passanne pe' lucande e' tratturie,
ne sente gia' 'o profume c'aggi''a ffa'?
E' a stessa storia ormaje na' semmana,
ca trase e ghiesco e' sto' sempe cca'.
'O stesso piatto manco a farlo apposta,
'a stessa spaghettata 'e frutte e' mmare,
che cerasella pare 'a pummarola,
pare che sfotta affianco 'a l'agliettiello,
cchiu' ssotte tutto verde 'o pretusino,
che' se so' accucchiate tutte e' ttre' vicino?

Vi che bannera ca' facite aunite.
Atturcigliate tra' e' vongule verace,
chisto nun e' nu' pranzo, ma na' pittura,
che tene pe' penniello na' furchetta,
c'addore derva e' mmare vuje verite,
ca sule si e' pruvate quase murite.
Dateme na' 'nzalatiera 'e vermicielle
'a vongule, addo' se' sente addore
'e' l'aglio int''a chell'uoglie,
na' frunulella 'e prutusino frisco
na' vranca e' pummarole 'a facci''o mazzo.
Chistu' prefume pare fa' 'ncanta',
st'addore e' mmare e' vongule verace
pare che mme sta' di viene dimane

§ 3

'E VERE CAMMURRISTE

'E vere cammurriste chilli buone,
cioe' e' verace!
Si vuje 'e vulite e' truvate 'a casa mia,
so' tre diavule da n'anno fino a tre'.
So scamurzielle e' casa e manco pucciuttielle,
ma s'appicechene continuamente ognie ora,
da l'alba fino 'a l'ultimo suspiro.
'A sera quanno dormeno che piacere,
che ne facite l'angelo d''o cielo.
Nisciune allucca manco n''a chiagnuta
e da zuppa e' latte manco na' scenata,
quante so' belle e' tonne sti faccelle.
Parene rose e' latte, io me magnasse e' vase
A tutt''e tre'.

'A mamma essa nun dorme,
resta scetata, ma se' tene mente
e s'alleria guardanele 'e durmi'.
Passa 'a nuttata comme fosse niente,
dimane n'ata camorra n'ata pruputenza.
Puri' che song''o pate me rassegno,
che pozzo fa' so' cammurriste e' ccasa,
e sanna perduna'.
Io me ne iesco priesto primma
luce primma ca schiare juorno,
ca sino' me trove in guerra.
Mugliera stanca morta e cu na faccia e' cera
Ajere me dicete Vicie forse n'arriva n'ato.

§ 4

'E PASTURIELLE

Jate 'a Napule si vulite 'o presepio,
'o nu' vero pupo pittato,
ne truvate tra' vestute 'o spugliate,
sti' pasture sempe pronte a scena'!
Songo e' creta 'o lignamme 'ndurate,
terracotta, ceramica 'o argilla,
e parene vive cu' chill'uocchie a parla'!
Ma' si e' tuccate so' fragile overo,
e si se' rompene po' l'havita pava'!

'O padrone che nu' vero artistone,
e' scultore pittore artigiano,
e si veste sti' pupe 'mbranate,
so' e' pasture cchiu' belle e' l'annate.
Corre 'o popolo pe' tutt''e l'annata,
p'arricchi' nu' presepio gia' elato
da na' storia ca porta pe feda
chella grotta e' nu' bambino che nato.

§ 5

L'ARTISTA

Voglio pitta nu quadro speciale,
addo' se' vere tutto chestu' cca',
sta' smania a me m'arriva tutt''e jjuorne,
'e na' mania ca nun se po' calma,
e quanne arriva se' 'ntallejea pe' sta'.
Pircio' io sto' ca' cu sta' cascetta,
'e pronto pe' 'nciarma' nu' cavalletto,
mille culure, ja' pezza e' che' pennielle,
nce' vo' pe' pittura' stu' quadro bello.
'E so' turnato proprie 'o stesso punto,
addo'e' penziere mieje me dann''o ttarlo
m'assetto 'a stu' puntone miez''a via
all'angolo addo' 'a vita vene e' vva'.
Tutto se' move tutt''o e' originale,
ma tremmene e' pennielle 'a stu' vvere',
che smania ca tenite vuje verite,
che vanne 'e presse p'acchiappa' sti vite?
Penziere mieje ma vuje che me dicite?

Vonne pitta' na strada antica e' bella,
ja ggente che cammina miezz''a via
femmene, viechie uommene, e guagliune.
Voglio abbuzza 'o mmeglio e' stu' mercato,
e' chello ca succere aret''o vvico,
me voglio fa' chizza' da l'acqua e' terra,
me voglio 'nzallani' miez''e Sirene,
de carruzzelle, chiene 'a ggenta bella,
tutt''e st'allucche je vvoce e' chesta strada.
'A me' pare normale stammuine,
si pure fanno e' mosse, 'o parlano che mmane.
'O sole jesce musce ma sicure, facenne riturna'
musica e' canzone, malinconico sona nu pianino.
'E ca' addo' se' creata 'o poesia,
e ca' addo' se' scetata l'arta mia.

Ogge aggio miscato 'a ggente che culure,
e' voglio rittratta' ncopp''a na' tela
nce' voglio rimane' pe' tutt''a' vita.
Tra' Murolo e Di Giacomo sta' Russo
Viviano ca purisso era n'ato asso, seguito
da Toto e De Filippo.
Aggio miscate e' verse che culure,
aggio miscate l'arte che pasture,
aggio miscata l'arte mia piu' pura.
Sta' tavolozza mia nun sbaglia maje,
e ricca di cultura e di bravura.

Voglio pitta stu' mercato 'o pesce, 'a frutta,
'o catto e' l'acqua chine e' frutte e' mmare.
Tanti e sti' cuopp''e ccarte che valanze,
sti' purpettielle je' vongule verace.
Me voglio 'mbriaca' e llerva e' mmare,
me voglio fissia' miez''e Sirene,
voglio abbuzza' sta' vita l'espressione,
faciteme pitta' io ve ne prijo.
'O zampugnaro suna na nuvena,
sott''o Natale miezz''e capitune,
c'addore e' pigne, cozzeche e' mellune.
E' bella sta' puteca c''o presepio,
ca recita Natale che pasture,
se vere 'o bambeniello
ca vesticciolla corta,
na' capuzella fatta anella, anella.
Vicino e' llastro tale e' quale a isso,
ce sta'nu' scugniezziello
senza scarpe 'o ppero,
sta' quase annure, e senza mamma 'o pate,
purisso scurnuso st'ammiranno
purisso vo' partecipa a stu' Natale.
Fa' parte e' sta' pittura c'afforza aggia' pitta,'
fa' parte de na'e'na poesia che triste a recita,
fa' parte e' storia e tantu' tiempo fa'.

§ 6

'E LACREME

Doje lacreme che so'?
Quantu' valore tenene?
Che stanne 'a significa'?
'E lacreme so' l'anema d''o coro,
songo 'a surgiva de na' vita sana,
so' perle rare, so perle d'ammore,
ca nascene d''a niente;
Ma' lascene ricorde, felicita', e' turmiente.
'E lacreme se' presentano 'a tutt''e llore,
esprimono felita' 'o dulore,
se' sfocano, ce' salvano,
da falsita' e' accuse.
Fanno comm''e pumpiere,
arracquane addo' sta' ffuoco,
ma si e' cuntentezza
so' lacreme e' certezza.
Comme vurria ca' ggente
sapesse stu' tesoro,
addo se' trova 'a mappa
pe' te scupri' nu' core.

§ 7

DON RAFELE

Me chiammene Rafele 'o schiattamuorte,
pe' l'abito ca' porte si so' visto,
ma' ggente s'appaura se' me 'ncontra,
m'avota 'a ffaccia senza saluta'.
Vesto sempe cco' nniro,
spisse pure 'o frack,
cu nu' cilindro 'ncapo,
so' nomme 'a figura'!
M'a' ggente s'appaura
veco sempe s'arrassa,
manche passasse 'a morte,
ma che vo' sta' ggente 'a me?
Forse sarra' sta' faccia,
che saccio l'apparenza,
pero' na' cosa e' certa
se' scostano 'o passa.
Chiurene porte e' vasce
me' 'intracciano 'o cammino,
e si sto' 'ncopp''o carre
me fanno 'a petriata.

Maronne che paura e sente sempe e di',
Rafele 'o chiattamuorte,
Maronne sciusce a lla'.
E' va' bbuo' faccio paura
Pero' so' rispettato,
ormaje so' canusciuto,
tra' Sanita' 'e Furcella,
jo' Lavenare je' Virgene
sanno buono chi so.
Facci''o mestiere comme addottorato,
e quanno ajze 'o muorte vaco forte,
io mo' pazzeje comme fosse niente,
ja' ggenta 'o sape e maje me tene ammente.

'A ggente quant''e maligna, 'o 'nciuce
'o sta' parla', e' quante so' sgarbate
Sta' massa 'e moribonde,
verite che latrine,
ca stanne 'ncopp''o munno,
sempe che facce appese,
pare c'hanna muri.
Ja' mme che me ne fotte,
chesto 'o sapevo ggia'.
Io quanne afferro 'o stiso
Mo'porto alleramente,
isso nun dice niente,
nun soffre 'e vo' viaggia'.
'O carrea' a' sei cavalle,
carrozza Reale e Bellumunne,
Cammino, musce, musce,
senza fallo 'ntruna'
pure e' cavalle 'o sanno,
massimo rispetto.
Arete 'e familiare, sempe c'hanna piccia'
l'amice e' canuscente,'e chi s'adda' sfama'.
'O campusanto aspetta, jo' fuosso gia' sta' pronto,
mugliera m'aspetta ca'pasta da scula'.
E' comme arrivo 'a casa 'a solita sbrasata
Rafe' te si spurcate?
E dimane che te' miette pe' Don Gaitano.

§ 8

DON ORESTE

Don Oreste 'o rittrattista,
che n'artista e' qualita',
tutte 'o sanno pe' la sua abilita',
e p''o mestiere che sta' fa'.
Tra' Capuano 'ie' provinciale
sotte' mure da'Pretura,
e la ca 'nciarmeja 'nu cavalletto,
pe' n'istantania e tiempo fa'.
Porte appriesse 'a suggiulella,
na' mantella c''o trepiere,
gia' muntata e'a cascettella,
e' fa'foto la pe' lla'.
Sott''o vraccio nu' Mattino
Pe' sape' chi so' e' latrine,
legge 'a cronoca, d''o sport
'o da miseria giornaliera.

Ognie tanto arriva 'o tizio,
pe' na' tessera da' fa',
n'ato ancora ne vo'tre'
po' passapuorte e' spatria'.
Don Oreste c''o scemisse
pare mandrache stanne dritto,
ma si s'acale e nu' Birillo.
Ognie tanto afferra 'o manto
e' s'annasconne sotte lla',
e po' dice statevi fermi
ca ve scatto la pe' lla',
po'scummoglie l'obbiettivo
e se' frose assieme 'a ll'ora,
so' mantene, so' scapocchia
n'ata vota l'accapocchia
po' dice bravi 'o finito.

Isso e' abile nu' fulmine,
cagne lastre 'e ritrattielle,
e accummencia 'a sviluppa'.

E' po' dice accoviqua,'
vuje parite na bellezza,
e'o passapuorte e fatto gia'.
Ma' nu' sisco le trafore
Pe le di c'have raggione,
songo e' tram provinciale,
ca se spostano 'a tutte ore.
Isso dice cinche lire
grazie tanto e buon viaggio
allora vuje partite?
Allora ce' verimmo
quanne turnate?
Sentite se' potete non tardate,
ca io v'aspetto ca assettato.

§ 9

'A CAPERA

P''o mercato ognie matina, chi mé chiamme,
chi mé cerca, nun mé fanno arrepusá,
io só pure chiattulella, tanti scale chi é pò fá?
Vonne è tuppe, é permanente,
n''a sciacquate solamente, vuje verite ò Pataterno.
Dice à ggente so' 'ntrechessa
saccio tutto d''o Cavone,
si sé tratte d''o Pendino,
si l'ammetto sto' in difetto.

Quanne stanne sott''a mé,
'e le pettene é capille,
che' 'mbeghesse
fanno pegge de l'anghille,
io vo' giuro Don Vicé,
Po' accummenciane à parlà,
manco fosse ò confessore,
rogna é vita e' tutt'a ggente,
so' scucciante, só intrechesse,
nun riesco 'a fa' capera!

Sotte 'e 'nciuce tutte sbrogliene
chillú fatto d''o marito,
de l'amante, e bucie de cummarelle,
d''a zetella sfacciatella,
d''o delitto int'o Furcella
d''a mugliera puttanella,
d''o marito scurnacchiato,
'e d''o monoco rattuso.
e pó dicene songo jí!
Ca mette 'nciuce, ajte capite?

Io me facce é fatte mie,
nun sia male arrassusia,
sule sente, pé sentí,
maje nun parle, vo' dico jí,
Solamente faccio á smorfia
e tutte juorne sto' 'a jucá,
ma mariteme s'arragge,
troppe nummere te juoco,
troppi storie, troppi fatte,
e sti vincite addo' stanne.

§ 10

DON FELIPPO O' LETTERISTA

Don Felippo 'o letterista,
'a calata e' Cristalline,
quanne 'o cirche nun 'o truvo,
maje sta' casa, va fuienne
pe' chill'ordine importante,
pitte spisse 'ncopp''e lastre,
'o fa' lettere dorate.
'O mestiere 'e letterista
'e pagato assaje bene, ma' e' musce
e' fissato se' fesseja
si ca ggente ca e pennielle.

Ma' e' n'artista e' qualita',
chille o' quaje che nu' perfezzionista,
e nun sia maje se'' parle d'arte
te' mpapine 'e li'a lassa'.
Ma' e' ordinato 'a mussurella,
comme 'o Cavaliere mussicella,
po' te fisse cu' chill'uocchie
penetrante pe' vede'.
So' tant'anne nun ce' vere,
chelli lente so'lastre doppie,
vire l'uocchie nu'' schizzillo,
e'tu vire duje palline
che te guardene insistente.

Sicco e' luongo e' spaventato,
pare 'o vedovo Donato.
Sempe dice all'apprendiste
nun tuccateme 'o mestiere,
'e nemmene sti pennielle
Altrimento jesco pazzo.
Sempe pitta, 'o sta' 'ndura',
vola 'o foglio d'oro puro,
ma isso 'o fissa la' pe'lla.

§ 11

A' CHIANCA E' CARMENELLA

Sta' chianca e' carmenella,
se fa' sempe cchiu' carella,
assaje bella e' 'a macellare,
spicialmente quanne accetta.
Essa taglie tire e' molla,
tutte affetta, tutte 'mpacca,
ma quanne manea chilli sasicce
tanno si nun e' cchiu' essa,
se' fa' rossa, pare aggitata,
spisso dice ve piace, vulite ate?
'O marito sott''a porta
gia' capisce 'a malatia,
e fa' finto e nun vere'.
Po' ripigliatese da mossa,
s'arriccorda che 'a chiachera,
Cavalire a servirvi qualccosa altro?
'Nzallanute 'o Cavaliere
Se' manea chilli sasicce int''o paccotto,
se' ralenta, nun risponne, guarde fisso
a essa 'e a isso, po' risponne due cotalette,
un po' magre se' potete.
'A chianchera ancora 'n mossa so' sguadrea
tra' carne 'e ossa, ma 'o marito 'ndennitore
le dice Carmene' stasera e' l'otte,
essa capisce, e vene 'a sotte.

§ 12

'E BAGNANTE

Ma so' Griece 'o Africane?
Marsiglise, 'o Francesine,
chesta vranca e' fariseje.
Fanno parte de ddoje Sicilie?
Dice 'a storia so' paisane
Ma sbarcate tiempo fa'.
Terrorriste sta' chi giure che l'ha viste.
Da turretta ancora 'a vvoce
pare dice fuite
che' Turche so' sbarcate alla marina.
'O rittratto pare bello
E sta' fimiglia puverella,
tutt''e aunite 'a core 'a core,
c''o bursone e' nu' pallone.
Ce' sta' mamma grossa e' chiatta
la cu' cinche birbantielle,
tutte pronte pe' se' bagna'.

'Ncopp''a spiaggia nun se' trova nu' bagnino,
'e nemmeno na' cabina,
pecche' e na' spiaggia popolare
e pircio' nisciune pave.
Chistu' lido mappatella
E 'o ricordo de' pezziente,
che martirio 'ncopp''a rena,
tra' na' pleba e' l'ignoranza.
Ce' truvave 'a vasciajola,
nu 'mbrugliono, l'affarista,
chella solita cocotta, chill'amante
nu suddista.

Chiu' 'a rena te scuttava
e' cchiu' 'a mareja t'arrivava.
Chillu'correre p''a spiaggia
'a nutate, n'assulata,
'a marenna, chellu' poco e' murtadella.
Mo sta' truppa stanca morta

§ 13

Donna Rosa

Donna Rosa fore 'o vasce
tutt''e juorne te fa' pizze,
e so' pizze a fa' parla',
stenne e mmane dint''o sciore,
e po' vire sta' 'mpasta'.
E' assaje bella sta' figliola,
e' furmosa, voluttuosa,
e'na' vera rarita'.
Essa a vatte chella pasta,
a da pognie, a stenne 'a molla,
po' se' ferma p''a 'nciarma'.
Sta' sbracciata sott''o sole
pure 'o pietto fa' balla.
Tuttu tene preparate
vire cicule 'e salame,
muzzarella ca' ricotta,
cchiu' nun sape che 'nciarna'.
Volle l'uoglie int''a tiella
e vire e' pizze a se' 'ndura',
'a ogge arotta dice a ggente
ca s'affolla pe' pruva'.
Mo' prefume se' spannute
P''o rione 'a Vicaria,
'a 'mbriacato 'o vicinato
ddo' nisciune dice no'.

§ 14

'O RITORNO E' L'EMIGRANTE

Doppe tant'anne so' turnato 'a Napule,
doppe tant'anne chi a cunosce cchiu'?
pare ca' nun so' io, pare ca' nun sto' cca'.
Che ffriddo che m'afferra tutt''assieme,
na' pucundria 'e gelo a mita' Austo.
Io m'arricordo 'o juorno ca partette,
interr''a nu' puorte l'addio da famiglia,
'a luntananza da Napule chillu' puorte,
sempe cu' na' speranza pe ghi a fa' furtuna.
'E mo' che so' turnato, doppe tant'anne
a che servuto tutta sta mancanza?
Mo cerco cocche amico nu' parente,
niente nun trovo niente cchiu',
e comme si quaccosa se fosse cancellate,
e' maje reggistrata chisa' chisa' pecche'.

P''a strada tutte me guardano
dicene l'americano, pero' si arape 'a vocca
songo n'ItaloAmericano, e nun cchiu' Napulitano.
Ma' io invece le dico 'a colpa nun e' a mia,
ma e' chistu' dialetto ca cagna tutt''e juorne
senza truva' arricietto.
Napule mio nun te cunosco cchiu'
tu pure si quase Americano, e io che so'turisto
non saccio a chi appartengo.
Ma' ogge aggio deciso faccio l'Americano 'a Napule
Tanto l'America sta' cca'.
Ma' io po' dico pecche' emigraje
quanne l'America gia' steva 'a Napule.

§ 15

COASTA AMALFITANA

Che spledore e' stu' cielo 'ncantato,
Sarra' orietale sta' seta celeste?
Che chiarore 'e st'azzurro Damanchiano,
ca me porta 'a meraviglie luntano.
Costa incantata, coasta de n'ammurate,
faciteme senti' sti muse 'e ate,
facitele turna' a sti' poete.
Sito da vita, nu' panorama site,
c'addore arrancio sparso pe' culline,
tanti stradelle, cu' precipizie e' valle,
che' mare, che veduta, 'e tutt''a costa,
na meraviglia ca non tene costo.
Dorme sta' costa amabile
sotto 'a nu' sole affabile,
sperdute so' e' marine,
tra' e' torre Sarracene.
Ne' vire e' varchettelle,
appese 'o arrampecate,
tra' archette e' casarelle
sulaggene 'e barcuncielle.

§ 16

SENZA DIO

'O sole l'acqua 'a vita,
tutto t'aggio creato,
nu firmamento sano
facette pe' bia toja.
Murette 'ncopp''a croce
Pe' te salva' e' peccate,
invece tu' carogna,
faje pegge de maligne.
'A che servuto chistu' paraviso,
si tu nun 'e capite 'a primmavera,
a che servuto chistu' firmamento,
si tu maje ce penzato nu' mumento.
Esiste sule malvaggita'
'ncopp''a stu' munno,
querre accisorie, mirrie, e peccature.
Savesse scatene stu' cielo bello,
e 'a terra sprufunna' int''a n'abbisso,
maje cchiu' nu' sciore,'o n'auciello,
ma sule nu' deluvio universale.
Sule na' macchia nera, senza chiu' nisciuno,
ne 'mamme 'o pate, e ne croce.
Ma sule tu' a me cerca' perdono,
po' sacrificio mio fatto pe' te'
'ncopp''a sta' croce.

§ 17

'SI M'ARRICORDO E' PATEME

Na' sagoma stancata, malato addulurato,
nu sguardo fisso, ma luntano.
Riflesso capito ammore sentuto,
na lacrama caruta, perduta.
Due uocchie sperciatore,
incujete, aspartate,
e da na querra scunfitto,
appaurite svenato.
Muriste ma pecche'?
'A monta nun perdona
e comme na' cumeta
slulazze fa' capriole,
'e cerca e' s'addrizza'.
E' quanne l'hai perduta
nun se' po' cchiu' afferra'.
Papa' e' fermete nu' poco,
ca io quanne penzo 'a te,
ritorno 'a piccerillo,
'a comme vurria pazzia'
cu te' ancora n'a vota,
e 'a fa' chell'angarella
attuorne 'a casa.
Addo' tu felice pazzo
m'astrignive 'e vase.

§ 18

SURRIENTO

Io me sonno Surriento
chella bella marina,
sciure d'arancio e' limone
cielo e' mare 'a speri'.
Pare tutto 'ncantato,
che ciardino a vede',
trase 'a luce tra'
'e ffronne e fa'
l'uocchie abbaglia'.
'O prefume d''o mare
se' miscato che sciure
che sapore sta' dda',
e io sturduto a st'incanto
so' felice e' sta' cca'!
E' si 'ncielo po' guardo
che calore che luce,
sta' nu' sole ca brille,
e' fa' sti' case appiccia'.
Tra' st'azzure jo' turchino
va na' vela latina,
ca' se' specchia cu' l'onne.
Sta' na schiera e' ffigliole,
assaje belle e' canore,
so e' cchiu' sirene
ca se ponne truva'.
'E sunnanno Surriento
Mme spaventa 'o penziero
Si m'havessa sceta'.

§ 19

'O MULLENUARO

Cammenanne 'o meso Austo
trove sempe 'o mellunare,
se fa' folla assieme 'a isso,
pe' vede' che prova fa'.
Na 'carretta chiena'
'nfunno quase ciento so' 'e mellune,
ognie palla nu' quintale
e' ia' fa' fforza pe' l'ajza'.
Isso 'a coppa c''o curtiello
Ferma 'a ggente pe' fa' guarda',
teng''o ffuoco bellagge!
Chesta e' 'a lava d''o Vesuvio,
jamme venitele 'a prua'
faccio 'a prova?
N'ato taglio?
Ca' io me coce?
'E chiammatreme e' pumpiere.
Ognie tanto 'o ciuccio arraglie
Pe' lle di c'have raggione,
ma isso niente nun le 'mborta
venne 'o ffuoco pe' campa'!
Ma mo 'a ggente st'accattanne
Sti mellune grande 'e gruosse,
so' pesante nu' quintale,
chine 'e ffuoco 'a itte so'.
Ma' pero' doppe 'a pusteggia
ce sta' sempe 'a pulezza',
tanti scorze de mellune
so' rimaste 'nterra lla'.
'e se' sente 'o scupatore,
ca jastemme 'a ca e 'a lla',
vuje verite sti samiente
c'hannu' fatto mieze cca',
che calore 'o mese Austo
che mellune 'a pulezza'.

§ 20

'O MIRACULO

'A ggente allucche e' chiagne miez''e strade,
se' scipp''a sango mentre 'o figlio more.
'O tifo n'ata vota ce' arrivato,
stu' morbo n'ata vota ci'atterrato.
Pe' strade e' Napule ne vire e' prucessione,
se' incontrano, se' scontrano, e' tutto nu via, vaje.
Vonno 'o Miraculo, vonno c''o Santo fa' ferni' sta' strage,
ce' crerene,'o supplicano, so' portene 'ncopp''e spalle
pe via da citta'.
Stu' Santo pare aballa miez''a prucessione,
mentre sta' ggente strazia, sta' chi nun crere 'a niente,
Se' vattene, se' scippene,'e chi svenisce 'nterra,
'o prevete cchiu' arete cerca pe' fa' calma'.

'A ggente sempe allucca Genna' famme campa'.
Ma' 'o Santo feccia verde sulamente sente,
'e na' tirantola sta' ffa'!
Io sule stute 'o ffuoco, e ferme qualche lava
p''a storia quanti' vvote stu' Vesuvio 'a fatto storia.
Ma' mo' se' tratte e' tifo, vulite pazzia? Faciteme penza'!
Io e' Napule song''o Protettore e aunite a l'ati Santi
verimme che se' po' fa', facite asci 'a Maria, Assunta,
'a Macculata e pure 'a Sant'Antuono che chillo cchiu amato.
Pero' 'a colpa e' 'a vvosta, e' comme v'abbufate,
lla'Sant. Lucia tra' cozzeche 'e lupine, po' me cercate 'a grazia
'e sette da matina.
Se' so' accucchiate e' Sante pare anno accise 'o morbo'.
ma mo' v'arracumanno, sule patane e' vruocchele.

§ 21

SPACCANAPULE -2000

Matilde Serao maddo' si ghiute?
Cherre' 'o rinasamente e ggia' fernuto?
Duchesca, Sant.Antuone 'a Vicaria'
'a Sanita' 'o puorte abbasce 'o Carmene.
So e' si site addo' turista maje ce' stato.
So' e' site addo' turista nun cunosce,
so' e' site addo' 'a vita pare querra.
Zona storica dice 'o comune,
e preserve chesta rogna da' milla'anne,
Pure 'guverno nun ce fa' maje caso,
e tratta chisti zone pe beni culturali.
Pompei, 'e Ercolano fanno da scorta,
'e danno a chisti viche ugale rispetto.
So' trappule, mastrille, so' priggione,
so' 'e sottoscale chi' scuntave 'e pene.
Pe' Turche erano sistemi di difesa,
pe' ntrappula' 'o nemico a ogni impresa.

Tutte aggranfate sempe ncule, ncule,
cu vicarielle stritte 'a serpentina,
aute cinche piano,'nzeppatte 'e barcuncielle
e fenestelle, ma 'e vasce si cherano belle,
umide into fussate 'e una porta entrata.
Stu' panorama ancora ce' rimasto
Addo' ce viva 'a ggenta puverella,
addo' se' nasce 'e more senza sape' da' storia.
'O sole Dio purisso 'e refrettario
nun trase maje, pare sta' intussecato
'e pure 'a luce e' l'aria, da la stanno luntano.
Marte, Nettuno, Gioe, nun ponne farce niente.
Ma' o cielo se' scurato pe' dispietto,
vola 'a munezza sotto e' mure antiche,
tremme na lanternella int''a cappella,
quanta malincunia Napule mio.

So' Sarracene tutte sti pasture?
'E terracotta 'nfosa maje sicura.
Stracce spase ca parene bandiere
'nzuppate d'acqua chiagnene c''o vico.
Mappine antiche ma vuje che me dicite?
Jamme sfrenete cielo tanto sto 'ncazzato,
che me ne 'n borte 'e chella apocalisse,
e ca venessa aunite 'a chillo e'a isso.
'A ggenta senza sole jesce pazza,
povera ggenta quanti prumesse,
mille pruggette maje mantenute,
nun se' po' disturba' nu sito antico,
povera terra cotta, tanta esppressiva
ma che vulite?

N'ato miraculo, ggente ca se' abituata a prega' Sante,
costene e' cannelotte cchiu' d''o ppane.
Ogge pare scunfitto 'o vico,
pe na' vita ca' cundanna 'e maje perdona.
Necessita','o dovere, decisione?
Jo' lupo esce 'o stesso p''a furesta
pure che notte,
Ormaje e' arraggiato, feroce, n'assassino,
sfida morte e galera, pe' chillu' piezzo ppane.
'A giuventu' se' perda tutt''e juono,
e pava 'a caro prezzo 'o sfurtunato.
Ma' 'o sole jesce 'o stesso, senza trasi nu' vico,
addo' se canta sempe na' canzone,
addo'presepio recita 'e pasture,
sotta na rogna ca' nun vo' raggione
sott''a na pioggia ca maje te perdona.
Morene sti pasture e' terracotta
assime 'e scarde rotte.
Ma 'o tiempo passe o stesso
'e lascia l'arte 'e stu' museo
ma cu' nu' presepio muorte.

§ 22

MARGELLINA

'A mare cu' sta' luna 'a Margellina
tu m'arricuorde 'a vita ja' geventu',
niente e' cagnata 'a stessa tratturia,
'o stesso lampione miezz''o mmare,
so' 'a mille, 'a mille 'e luce
ca s'appiccene, e' se' stutene
pe' tutt'a sta' citta'.
Io marricorde 'e te ammore mio.
Comme se' po' scurda'
'o primmo ammore?
Io te vulette bene overamente,
ma' pe' destino 'nfameio partette,
luntano jette, ma rimanette.

Corre 'o ricordo tuje mo che so' viecchio,
spisso te penzo mo che so' turnato.
'A mare cu sta' luna 'a margellina
Quanti' ricorde interra 'a sta' marina.
Ja vita passa, purtannese cu' essa 'a giuventu'.
Sultanto una cosa me rimasta,
'o mare cu sta' luna 'a Margellina,
'o stesso lampione,
miscato miezz'a tanti barchetelle,
m'a notte songo 'a mille sti luce
ca 'sappiccene po' golfo a' mme guarda'
Io te saluto 'o Margellina
Si sempe tu Napulitana,
tu nun parte maje, tu staje sempe cca'!

Porta Campuna, Naples

§ 23

MARGHERITA

Che palpito che tengo dint''o core,
e na gioja ca me rallegro pare volo,
che smania che st'artetica ca provo,
so' fiamme che m'abbambene 'e calore
Allora sarra' ammore?
E si e' ammore?
Allora vo' di che se' 'nfezzato chiano, chiano,
chisa' forse p''a fenesta e' stu balcone.
Assieme 'o sole?
Sta' fiamma ca se chiamma Margherita,
me sta' e' dimpetto fore a stu' balcone,
notte e' matina e pure quanne chiove.
Quanne s'affaccia tanno jesce 'o sole,
ma si a vedite vuje v'annammurate,
pircio' io sto' strujenne l'aria c''o sole,
addo' cardillo canta 'o ritornello.
Chisa' si l'ha capito quanne s'affaccia,
facenneme chillu' solito saluto,
Nun crero ca' capito, nun se ne accorta
ca stogo ascenne pazzo pe bia soja.
Aggio sapute ca tra' poco sposa
Pircio' nun a vedevo da tre ghiorne,
e' mo' chi l'acujeta 'a stu' vragrante, e'core
ca nun capisce 'a chi piglie marite.

§ 24

NU' BALILLA PUVERIELLO

Tutt"e juorne 'a stessa storia,
jamme ajzete guaglio',
ogge e' sabato fascista,
ja' i' 'a scola pe' marcia',
Musullino add''arriva'!
Ma che faje duorme ancora?
Jamme susete guaglio',
tiene l'uocchie 'a scazzatielle,
lavatelle sta' faccelle,
tengo pronte 'a zuppetella,
orze 'e latte jamme Armandu'!
'O saccio pienze sempe a nu' pallone,
pure 'nzuonne staje 'a pazzia'?
Jamme belle ca faje tarde,
'a divisa a tiene pronte?
'O muschetto e' gagliardette,

Ma' chere' sta' puzza e' ciste?
Comme e' ditte nun ce' vaje?
'E pecche' che te' succieso?
'E mo' chiagnie addirittura?
Te' manca 'o cappiello je' distintive?
'A cammisa nera manca 'a tiene?
E' sti' scarpe se' so' rotte?
Io maleriche 'a palla e' carte,
'e nu pallone ca nun tiene,
nun parlanne de denocchie,
pare 'o Criste 'nsanguinate,
ma che faje tu nun studie
juoco palla?

'E comme marcia all'adunata?
Jamme verimme da' inciarma',
'o canzunciello verde 'o tiene,
'e va' buone te va'stritto,
'a cammisa nera a tenco
sa' mettette papa' tuje
quanne ziete murette,
forse 'e larga e' c'aggia' fa'?
'O muschetto chi mo' rra'?
Puorte 'o fucile da Befana c''o suvere 'a scoppio,
tanto e sule pe' marcia'.
Chiagne ancora nun 'nce' vuo' i'?
Vuje verite che juornata che schiarata stammatina,
cu nu' pate sempe 'a spasso
'e nu' figlio a fa' 'o Balilla,
c'adda' fa' na' puverella?
Senza mezzo pe' campa, e na'' famiglia da sfama'?
'E po' m'arrive Musullino
E p'urisso vo' marcia'!

§ 25

NA FRITTURA E' PESCE

Mo' fa' sempe allintrasatte
dint''o meglio da juornata
na visione m'apparisce,
e nu miscuglie e cose belle,
frutt''e mare e na' tiella,
e me vire inebbria'!
Frisco argiento mo' piscato
e' chistu' misto e' qualita,'
truove 'a treglia, l'ammariello
na' sardina e' na' licella.
'A tiella st'aspettanne
pe' stu' fritto ca vo fa',
casomaje chistu' Re'
se' vulesse arreccria'.
'O piatto pare d'oro
la vicino 'o fiasco e' vino.

Si elegante, si festuso,
tu si 'o meglio ca' ce' sta',
l'apparenza tuja reale
fa' e' sudditte 'mpazzi'.
Pure Nettuno vo' magna'!
Russo, russo l'ammariello
la' vicino 'o purpettiello,
mo' e' doje alice cu' na' sarda
vonne 'a treglia figura'.
Lerba e' mare e sta' frittura,
mo' e' pronta a se' 'ndura'.
Io me sonno stu' piatto
Quanno 'o mare sto' a penza'.

Nterr''a rena e' marenare,
tire, tira ca rezza e' chiena,
sule tu' che ce' sta'.
Qua' Nettuno chi sirena,
cheste e' argiente ca se' move,
e ca' 'ndurate se vo fa'

§ 26

NA' GOCCIA D'ACQUA

Che cristallo trasparente,
che pallina strafuttente,
si' tantella, nu' schezzillo
si 'o no' te faje vede'
Chella goccia ca' tu tiene
essenziale, e necessaria
senza te chi po' campa'?
Tu' daje vita a tutt"e vite,
lieve 'a sete a l'assetate,
stute 'o ffuoco a chi va 'n fiamme,
'o staje a vollere 'ncopp"o ffuoco.
Si't'allaghe scurre 'a mmare,
'e d"o munno si 'a cchiu' larga.
Sott"a doccia si tremente
spruzze l'acqua e lave e tutte.
Care 'a cielo comme pioggia
'e mallaghe strade e' loggia.
Ma' si pisce che bellezza
me' svuotisco d'acqua quasta.
Tu faje parte de cascate
'o d'oceani, e maremoti.
Essa sola nun 'e grossa,
ma si s'accocchie assieme a ll'ate,
addiventa lavarone.
Ma' intanto senza a essa
nun ce' vita pe' campa'?

§ 27

NA' VISITA

Sona 'a porta'e trase ammore,
favorite Donna Rosa,
'nbellettate e' prufumata,
nu' biciu' tutt''a pupata.
Scoppia 'o core p''a vasa'!
Favorite accomodatevi
Donna Ro' che posso offri'.
Nu' caffe', n'apperitivo?
Che piacere v'aspettavo.
Guardo 'a essa 'ntulettata
Si nun sbaglio quase spugliata
che prefume ca' purtate.
Che prufile, cuocchie nire
pane' 'a venere d''o Nilo.
Essa rire, se rallegra
io intanto me indurisco,
sta' na chioma 'a spumeggia',
uocchie lanquide 'e lampanti,
cu duje labbre d'assagia',
vola l'attimo mordente
nun ce tiempo po' cafe'.
Nu fruscio, n'ato ancora
E va' ncalore gas e' fuoco

§ 28

'O MACCARUNARO

Volla 'a pasta a Capuano
miezz''a piazza d''o mercato,
e' dduje torre triunfante
danno esempio ca so' antiche,
a mano e' tiempo de tiranne.
'A stu' castello Capuano
addo' tutto pare allero,
tra' nu mercato e giostrolliere
maje nun mancone 'e tavarniere.
Pe' cuntorne st'azzeccate 'a Matalena.
Stu' mercato e' nu' teatro,
la vicino 'e Tribunale
puo' piglia' na provinciale.
Tra' attore e' pasturielle
truove pesce frutte e' ate,
truove pure 'o caldarone
'e Totonne 'o maccarunaro,
ca te venne 'o dduje ssorde,
janco russo 'o allattante.
Che spasata, che spettaculo,
st'anna 'a fa' sta' rocchia e' brute.
Vire tanti caldarune tra' tiane 'e tianelle,
'ncopp''e brace volla 'a pasta
e Nettune 'e sta' pisca'.
'A mugliere Graziella cu na' rocchia
'e criaturella cerca sempe p'ajuta.'
Pe' scenario 'a pasta fresca sempe asciutta
a ca je' lla', che cascata so' 'e spaghette
quann'e mosche vonne vula'.

Ognie tante da' na voce palliduccia 'n serieta'.
'O marito nu' Macista proje piatte 'e fa' pruva'
vierde, vierde 'e maccarune bellagge' so' pronte ggia'.
'O scugnizzo cumpiacevole arrunzea attuorno, attuorno
finalmente nu' turisto le da e'ssorde pe' magna',
isso abile c''o piatto nun ce' modo p'o ferma'
ognie tanto ca' manella mette mmocca je' sta' zuca'.
Tutte accatene 'o dduje ssorde, po' sapore che te dda'!
Economico 'e piacente spicialmente fatti al dente.

§ 29

NA' BEFANA MORIBONDA

Pasca' pe' creature,
nun te' scurd'a' Befana,
'o saccio ca pienze 'a ll'ato,
e' tutt''e guaje aunite.
Ma'Befana sadda' festiggia'
pecche''e voglio sape' felice,
almeno primme ca' more.
Pasca' no' nun curarte e' me'
ma' da rette e' criaturelle,
e' nun farle capi' maje niente.
Pasca' 'o dettore che t'ha itte?
Ci'arrivo fino a dimano?
'O saccio ca'llore so' cuntate.
Accatte 'e pazzielle,
e nun fa' capi' maje niente,
almeno pe' stanotte,
e po'doppe dimane
dille ca' so' partuta.
Pasca'na bambulella
dancella 'a Mariuccia,
e nu' fucile gruosso
va buono pe Rafiluccio,
Taniello e' picerillo
va pazzo po' trenino.
Pasca' che faje mo' chiagne?
Ma' io te voglio nu' gigante,
'o saccio ca si nu' Santo.
Pasca' e po' doppe' 'a festa
si tutto va' pennielle,
fammille o' funerale,
pero' t'arraccumanno
senza tanti lamiente.

§ 30

'O GELATO

'A diece anne nu' creature,
chine 'e stracce e' muorte e' famme,
cammenava pe' na' strada
addo' spisse se' marciava.
'Ntiempe e querra e coprifuoco
ehe Tedesche tutt''e armate,
c'accerevene, 'o fucilavano,
'a chi disertava,'o partigiava.
L'armistizio fuje 'o finale 'e
l'allenza ca' Germania,
'e pircio' agl'Italiani
se nun li deportavano,
l' accerevene
Ma 'io tanno nu' criaturo,
che capeve de' vendette?
Dint''a casa tutto mancava,
manca l'acqua se' trovava,
e' mamma' ognie ddoje ore
me diceva piglie 'o sicchio
serve l'acqua, e io facevo
tutt'a strada cu' nu' sicchio
ca scurreva.
'E cammenave mure, mure,
senza scarpe 'e muorte e' famme,
ca paura de Tedesche
ca me putessene spara'.
Tutt'assime na' visione,
me parette n'illusione,
'nfaccia' 'a me 'steva n'abulante
c''o carrettine de' gelate,
io rimanette meravigliate
e' chisti tiempe 'e querra stanne 'e gelate?

'E attirate 'a sta' visione,
m'avvicinaje proprie 'e fronte,
'o gelatiere me guardava,
e io 'o cuppetto me sunnavo,

'mmocca' 'a me assapurava
tanti sapore immaculate,
ca c''o tiempo nun sapevo cchiu'.
Tutt 'in ffatto affianco 'a me,
s'avvicinaje dduje Tedesche
tutt''e armate fine 'e diente,
io tremmanne da paure,
me dicette ogge so' muorte,
e chi ncio' dice 'a mamma mia
ca' maspette assieme 'a l'acqua?
Tutt'infatto 'a coppe 'e spalle
veco na' mano che me proja nu' cuppetto,
e me dice tiene ragazzo uno anche per te',
io risuscitato a chillu' suonno,
l'aggranfaje 'e po' scappaje,
'e c''o Tedesco che 'mparaie
le dicette tante grazie.

§ 31

'O FOTOGRAFO AMBULANTE

Vi c'artiste vi che genio,
sta' tutt''e juorne miez''a via,
nu' berretto, na' sciammeria,
'e accummencia 'a rittratta'.
Mieze porta Capuano
proprie arete 'e Papuncielle,
c''o treppiere e'na cascetta
fa' istantanie in poco tempo.
L'apparenza quasi Dantesca,
ma ''o vestito e'na' mbrusata,
le manca sule nu' mantello
pe' fa' Dracula 'n gonnella.
Sta' chi dice che Mandraca,
quanne sparisce sott''o manto,
ma io dico 'e don Oreste
ca s'arrancia p''a juornata.
Ognie tanto s'annasconne
'e fa'e' guagliune appaura.'
Vene 'o tizio pe' na foto,
isso allero sempe dice,
passaporto?
Istantania?
Prego vi' potete accomoda',
cu' na seggia rotta e' paglia
ca trabballa 'a ca e' lla',
che po' fa' cocche pacchiana,
ca pe' forza vo' parti.

Isso allero sempe dice
state fermi sorridete
e' scummoglie l'obbiettivo,
conte 'a diece, stanne frusate,
tante grazie 'o finito.
Adesso le svilippo,
e' s'annasconne n'ata vvota,
songhe lastre da fissa,
e' denare da piglia'.

Ecco' fatto siete serviti,
tre istantanie per passaporto,
buon viaggio, al piu' presto,
se ritornate voi tornate che
voi mi troverete qui sul posto.

§ 32

'O FRANFELLICCARE

Don Luige Franfellicche
Tene 'o puoste 'e paparelle,
miez''a folla lla' Furia,
'o truvate sta' 'nciarma'.
tene segge 'e taulella,
'e nu' marmo pe' tira',
chiu' a lla' na furnacella,
pecche' 'o zucchere adda' fa'.
'E guagliune tutt''e attuorno,
che spettaculo a guarda'.
Don Luige tire 'e molla,
chellu' zucchero cucente,
'ncopp''o crocco 'e bombolone
accummenciano a se' culora'.
Isse e' taglie, po'la e' spase
Mentre a ggenta arriva, arriva
pe'prua' sta' nuvita'!
Mo' l'aroma se' spannute pe' Furia,
e guagliune tutte correne p'accata',
so' cuntente, so' felice e guagliune de Furia
miez''a tanti paparelle,
franfellicche 'e bancarelle.

§ 33

'O CUNFESSORE

Tutt''e juorne 'a San.Biagio,
ce' sta' 'o parroco Pretillo,
si ho guardate e nu'schezzillo,
sicco e' curto che schiattillo.
Corre e' zompe comme 'a rilla,
mentre astregna 'o libro e' messa.
Sorridente, accogliente, a tutte dice,
che la pace sia con voi, fate bene ai poverelli,
bisognosi e senza tetti.
Dint''a chiesa truove e tutte, chille amice
na' cummara, cocche antico nammurato,
nanninella l'uvajola, ja' nepote e Maculata.
Maje nun mancono e cchiu' devote,
chelli bizoche, e senza diente e' vicchiarelle,
truve 'o zuoppo, nu' cecato' scartellato
nu' guappone d''o rione, menechella 'a fruttajola,
Donna Peppa 'a macellara, nu' furiero
tre fuchiste, 'e o' basiste in posa elata.
Pure a vedova Tenella
ca se guarde attuorno attuorno
pe' vere addo' sta' 'o creato.

§ 34

NATALE INT''O VICO

E lalba e' schiare journo,
nu gallo canto e s'allarreja strillanno.
'o sole 'e musce 'e sereticcio strisce,
nu ventarielle friddo te scesca 'o vico.
Vicie ajzete obbi ogge e' Natale,
io sento gia' li suone, Vicie so 'e Zampugnare.
Carme' c'addore de caffe', che fatto 'a munachina!
Carme' fammelle n'espressino, na tazzullella fina
dammella mo' Carme'!
Vicie' famme 'o presepio ca tengo tutte cose,
lignamme e' carta pesta sta' lla' int''o cummo,
pero t'arraccumanno fammille piccerillo
ca' 'o vasce 'e nu' murzillo si e' nu' ce po' trasi'.
Voglio nu presepio bello, nun me fa' sfigura'
'e ggrotte e' casarelle, l'ovatta je stelletelle,
e pe' pasture miettele addo' vuo tu'!
Vicie' famme 'o scenario blu'.
P''o rieste de pasture nun te preoccupa',
cchiu' e uno e truve rutte s'avessano 'nculla,
pare ca' San.Giuseppe 'a cape a tene rotta,
jo' vuje e' senza corna, embe' che pozze fa'?
'A lavannara pure avi sta' senza vvracce,
e' chistu' pecurare che faccio lascio sta'.
Carme' chill'espressino cherre' te si scurdate?
Miettece 'o poche d'annese, Carme' famme sceta'.
Vicie 'o voglio bellille, 'a stalle 'o bambaniello
Io chesto l'aggia' have', pecche' 'a mezzanotte
'o vulimme festiggia', Vicie' nun te ''nquarta'
Carme' nu' sursetiello, fammille n'espressino
ovvi ca sto' aspettanno, m'allore che vuo'
ca faccio 'a mezanotte?

§ 35

NATALE

'E na' semmana che te sto' facenne,
o faccio ognie anne stu' presepe cca',
'e fatto e' ccarta pesta culurata,
addo' nce' 'ncolla grotte 'e muntagnelle.
Areto voglio mettere nu' scenario
cu tanti stelletelle allummenate,
'a grotta proprie mieza 'a tutte ll'ate,
c''o grebbo chillu' bue e' lasinello.
Io tengo na' ventina 'e pasturielle
so' mieze rutte s'avessana 'nculla'.
Quante so' belle 'e faccie de pasture,
tante so' fine pare vulessene parla'.
'A neva pare bona cu' l'ovatta,
spannute miez''a tanti casarelle,
tre angele d''o cielo 'nfacci'a grotta,
je' Re' magge mo arrivate d'all'oriente.
'A vergina ca prega addunucchiata,
'e San, Giuseppe purisso che le pate.
'O pecurare assieme 'a lavannara,
'o 'macellare, 'e affianco 'o canteniere.
Rusi' chill'ate miettele addo' vuo' tu!
Ma tengo nu pastore eccezzionale,
e na' puverella ca da tutte ne scacciate,
misera morta e' famme 'e addulurata.
Pasca', addo' l'aggia'piazza'?
Ma' veco nun ce' spazio nemmeno
miezz'e Maggio, allora c'aggia' fa'
me dice da leva'?
Ma' po' penzo e' Natale ja' mesco
assieme 'a l'ate.

§ 36

'NCOPPO PUSILLECO

Nanni viene cu' mme 'ncoppe Pusilleco,
te voglio fa' vere' che' 'o Paraviso.
Si 'a coppe guarde 'abbasce, tu vire tutt''a Nisida,
nu scoglio miezz''o mmare na' Reggia pe' nu' Re'.
Che panorama bello, e' chest'aria fresca e' limpida.
Vola na' vela 'a mmare, Nanni staje sempe 'a suspira'?
Che' cielo che bagliore,
e 'o mare luccecheja facenne 'o giujelliere.
'O sole 'a coppa brilla, vasannese sta' costa,
mentre mastregno 'a nenna int''a stu' Paraviso.

§ 37

'O CDLLISTA

Nu' bancariello chin''e cianfrusaglie,
mesale spase comme essa magna',
na' tavulella zoppa, scianchinata, ja' seggia.
'A taglie e' strada Luige Caramella
si 'a servirvi, ve porta 'a nuvita' del 900.
P''a ferrovia furcella, 'o Capuano,
sfoggio chesta parata che calle spase 'o sole.
Tra' forbice 'e curtielle, figurene e' rasule,
isso dice ca so' e' fierre p''a turtura.
Pircio' Luige vuoste ve venne chesta' crema,
da me' ormaje inventata, pe farve cammena'.
Jettate sti' forbice lamette, aunite a'sti' rasule,
pecche' songo 'a turtura pe' chi 'e a usa'.
Sta' crema fa' miracule vo' voglio cunziglia',
sule nu' poco e' crema ce penzate?
'E cammenate 'a ppere pe' n'annata.
Sultanto diece lire me' cnedite
senza asci' sango sule na' cremata.
Io benerico a chi s'accatta 'a crema,
e 'a chi cammina senza maje cchiu' calle.

§ 38

'O CAFÉ'

Vulesso nu' café' bello e' sguisito,
addo' l'aroma se' strujesse chiano, chiano,
e nu sapore ma che vaggi'a di',
ma 'o guaje e' po' truva' st'espresso fino,
pircio' me so' stancato 'cammena',
io e' vaco e' vengo ma'po' mme fermo,
pe' me truva' da capo addo' gia' so' stato,
forse ce' sta' qualcosa ca' m'attira,
sarra' stu' bar e' miez''a Sanita'.
Addo' ce sta'na fata 'a fa' 'o cafe',
tene chill'uocchie d''o furmato e' stelle,
'e llabbre so' cerase ve'dico 'a verita'.
Ma' essa se' ne' accorta ca' io a guardo,
e me' fa' sempe finta e' nun vere,'
e jetta posa e cafe' pe' fa dispietto a me'
ma io so' tuosto comme o' pale fisso,
pircio' sto' sempe cca' cu' stu cafe',
ma mentre ca mo' bevo 'e giro 'a tazza,
me sento tutt''o zucchero cu mme'.
St'incroce d'uocchie quanto me fa' piacere,
quante so' belle stucchie nire, nire,
me pare e' vede' e' perle int''o cafe',
che so' carute dint''a purcellane?
Tu' 'e sciaque e po' l'anniette chesti tazze,
allora? Pecche' po' tantu' tuosseche cu' mme'?
Pecche' t'aggiu' guardate?
Embe' che pozzo fa' si tu' me piace,
pe me tu si l'aroma e tutto stu' cafe'.
Tu' te pienze ca ce' v''o zucchero,
ma io ca' tengo 'o miele miscato mmocca 'a mme.

§ 39

'O CONTASTORIE

Scenne 'o sole 'nfacci''o mmare
'e s'appiccene 'e feneste.
'Nterra 'o muole 'e lat''o mmare,
s'apparecchia nu' scenario.
'O tentone pitturato,
nu' straccione 'e meza eta',
nun se' sape chi sarra',
pare colto inteliggente,
sfasulato chi s'a' quanto.
Tene l'aspetto e' Don Chisciotte,
legge storie de crociate,
Carlo Magno 'e Paladine,
'e l'Orlando Furioso.
Pure Achille ve po' di'.
'Nfacci'a tela ca' bacchetta,
conta 'a storia 'a chi se' ferma,
annanza 'a tutte 'e piccerille
'e 'a fa' scala po' a sagli'.
Pure e' gruosse se' divertano
da'sti' pupe vonne 'mpara'.
Sta' chi rire, chi se' spassa
chi da storia s'istruisce,
ognie juorno verse 'e lotte
quanne 'o sole se' ne scenne,
jo' scugnizzo sta' 'mpara'.

§ 40

'O PANARO

Saglie e' scenne nu' panaro,
tra' balcune vene 'e vva',
dint''a manco nu' sicondo
cinche piano 'a fatto gia'.
Sente 'a voce d''o rammaro
ove frutta 'o nu' lattaro,
meglio ancora e' n'ascenzore
te' l'accatte la' pe' lla'.
'A zetella 'o terzo piano,
da matina fino 'a ssera,
sta' sempe appesa p'accatta',
ma' s'appicceche che vicine
ja' vire sempe' 'e sbratia,
scasse spisse quacche pianta
'o te sporche nu' lenzulo.
L'autre ajere fuje 'a frittata,
s'abbucaje d'esse 'o panare
'e tutt''a biancheria arruvinaje.
E' d'eta' chesta zetella
maje nun ghiesce vo' sta' in casa
'e me sfotte 'o panariello
Q'uanne cerco p'accatta'.
Io 'o tengo 'o curniciello
'e sta' lla' dint''o panaro
meze fravule 'e cirase
pare bello a verita'.

§ 41

'O SCUPATORE

Io me chiammo Salvatore,
ma po' quartiere so' Totore,
e me sanno tutte quante
a quannero piccerillo.
Tengo 'o posto e' scupatore
nu mestiere bello assaje,
pure pateme 'a bonanima,
era figlio e' scupatore,
e' pircio' pe' chistu' fatto
tutte cercano e' Totore.
Papa' mio che piezzo d'omme,
senza offesa 'o nonno mio,
te scupava nu' rione
senza aiuto don Vicie',
Ma' mo' 'a munezza chi ta' da'
'o rifiuto addo' sta' cchiu'?
Chello e' tutta n'apparenza
porta 'a scopa pe' belleza
sott''o vraccio p'allerezza
sta' chi dice pe' grandezza.

Ma' nun sia maje vene 'a chiovere,
a puo' ausa' pure p'ombrello,
quanne 'o sole e'assaje scuttante.
'O stipendio e' sempe 'o stesso
miente cagne da tant'anne,
e pircio' io me rantello.
Mo' cammino musce, musce,
faccio 'a scopa arrepusa',
si m'accire niente cagna,
'a munezza vene e' va'.

Chillo 'o guaje 'e Peppenella
che sa'unisce cu Ninuccia,
si a nepote e' Rafiluccio
che sta' sotte e' palazzelle,
e lla' ne trovate e' castagnelle,
'e pircio' se' f''a munezza,
'e po' danno 'a colpa 'a mme'.
Luisella 'a stiratrice,
ca se' lagna tutt''e juorne,
sempe dice 'o sfaticato,
pecche' nun scopo 'a parte e' lla'.
Siente 'a ggente e' dint''e vasce,
ca gia' sbraitene 'a dirotta.
Gue' Tato ma quanne scupe?
'a munezza e' ca c'aspetta,
'e che faccio di no'?

Ma si pulezzo che bellezza,
songo n'omme d'ammira',
chesta scopa pare vola,
nun ce' modo p''a ferma'.
Ma'e figliole 'a fore e' vasce,
danne sguarde 'a fa' squaglia',
po' te fanno 'a restella
cu' chill'uochie'a lacertelle,
je' vucchelle rose 'e rosse,
che ne faje 'e fraulelle?
Che capille scapigliate
sento e' dicere Tatore,
viene 'a ca' t'aggi'a' parla',
io capisco facci''o fesso
po' decide c'aggi''a fa'?
Lasce 'a scopa nu mumento
e m'ammocca d'int''e lla',
tu po' vire ingrifa 'o gallo
e accummencio 'a scupa' lla'.

§ 42

'O SPECCHIETIELLO

Maggio accattato nu' specchietiello
pe' nu' nfamone ca' passa a cca',
stu' specchiettiello che tanto aggarbato
se' vuje vulite vo' faccio vede'.
'E sto' 'mpuntato ca fore 'o palazzo,
e' cu' sta' l'astrella l'aggio attira',
ma isso nun scenne, marepasse e' po' fuje,
me scarfe l'asteche e' po' se ne' va'.
Gue' sole 'nfamone pecche' m'arrepasse?
Nun vi ca te' cerco e' te voglio acchiappa'?
'e firmete jamme scinne d''a loggia,
scarfeme 'e vasce che stanne 'a muri.
'Nvece me sfutte, e' rerenne 'nce' passe
gue' vi c'arrepasse me staje a cumbina,
quante si bello oje sole lucente
che meraviglia tu oje sole da' vita.
Po' mentre co' veco gia' lla' nun ce' sta',
pare na scigna sempe ca strisce,
allumme l'astreche, titte e' suppigne.
'A sti' fenestelle faje tu' spanteca'.

Settimo cielo vico d''o sole
dimme addo' staje fatte truva'.
Tu strisce cu' l'ore fasce 'ndurate
chine e' calore tu me faje annammura',
stinneme 'a mano fatte acchiappa'.
Ma tu la 'ncopp''e luggette 'e sole cucente,
vi quanta pece saje sule squaglia',
mentr'io da vascio miez'o a stu' vico
guarde speruto stu' sole 'e passa'.
Nu' vico astritto, senza maje luce
tutt''e budella sti vasce so' e' cca',
manche sei metre si vulisse passa.

Tanti mastrille chiate e' criature,
bucate spase so' chine e' balcune.
Quant''ammuine tr'a lenzole 'e balcune,
saglie na' voce calate 'o panaro,
'a ogge a rotta si vulite 'o rammaro,
'a ogge 'a rotta a' itte pavate.
Chiamme na mamma ca nun trova
'o criature, mentre nu' cane
pisce 'e corre pe' mmure,
sotte 'a na Chiesa Chiammata 'o Gesu'.

Fino 'a luggetta pe' lasteche 'o titte
addo' va' 'o sole, io laggi''a fforza aggranfa',
e a do' va' isso me verarraje arrampeca'.
Stu' specchietiello ca pe' vuje pare niente,
quant''a miracule ca putenne po' fa'.
Vi che riflesso, vi che palomma,
ca zumpetteja tra' e' balcune 'e stu' vico.
Quante si bello oje sole lucente,
tu daje ricchezza, calore 'e salute.
Che meraviglia si pure n'istante,
po' me faje l'uocchie abbaglia'.
Passene l'ore se' 'nfoca 'o tramonte,
s'ammosce 'o sole, e' 'po' russo se' fa'.
C''o sole carenne me morte 'a palomma,
e stu' specchietiello tu me vire e' pusa'.
Mannaggia 'a miseria, 'e sta' vita cuntraria,
addo' destino purisso e' malato.
Gue' n'ata nuttata?
Aggiu' capito aggia' fforza emigra'.
Ma' quenne e' dimane 'e abbisto
'o birbante, cu' sta' lastrella
l'aggio afforza ferma',
e scarfe stu' vico addo' sole nun va',
Mentne'a ggente spera
'o more pe' na' vita,
Ca' nun da'.

§ 43

'O BALILLA

Ma che faje duorme ancora?
Ne' Arma' te vuo' ajza'?
Taggio itto tanti vvote
ca' faje tarde p''adunata,
jamme ajzete che tarde
jamme bello gue' guaglio.'
Taggio fatte 'a zuppetella
orze 'e latte viene 'a magna'!
Che nuttata si sapisse
caggio fatto pe' bia toja,
tu dirmive 'e io arranciavo
'ncopp''a machina co' cosere.
Pe' te fa' stu' cazunciello,
do' culore che vulive,
aggio sbariata meza casa
finalmente aggio arrancito.
Che teneva 'a pezza verde?
Tha puteva maje accatta'?
Pe' nciarma' chesta divisa
aggiu' ruvutate meza casa.
'E che faje mo' chiagne pure?
Be' che ate vuo'?
'O cappiello nun 'o tiene?
Na' cammisa nera serva?
Ma' io penzo ca tinimme
la astipata int''o cummo',
sa' mettete papa' tuje
quanne ziete murette.
Vaje truvanne 'e distintivi?
Comme 'e portene e' fasciste?
'O beretto pure serve,
cchiu' fazzoletto e' calzettone?

Ma' che stamme ascenne pazze
quanti cose ca tu' vuo'?
'E pe'scarpe che te miette?
Chelle bone se' so' rotte?
T'aggio itto tanti vvote,
statta attiento 'a stu' pallone,
sule p''a scola so' da' usa',
'e mo' staje 'a piere 'nterra'.
Jamme prove chesti cca'
songo e' patete 'a sula'
isse tene 'o pero curte,
'e po' essere che te vanno'.
Che m'ha fatto Mussulino,
ce vuleva pur'isso stammatina.
Jamme belli picceri
Musuratillo stu' cazunciello
Voglio vere' comme te va'.
'U che guaje c'aggio fatto,
int''o taglio e chellu' cosere,
me venute tutto stuorte,
chello e' reta e' ghiute annanza.
Che disgrazia, che peccato,
'e mo' comme faje pe' l'adunata?
Tene 'o pizzo tutt'annanza
'e senza cule pare 'a me',
so' attesate 'e sacchetelle
la prioprie 'ncopp''e pacchetelle
ja' manella nun po' trasi'.
Si fa' tarde isso mo chiagne,
siente da fore gi'ammuina
cu schiamazze 'e trumpettelle,
tutte correne 'a parata
pe' l'arrive 'e Mussulline,
ma nu criature resta 'a casa
pe na mamma che distratta.
Stanca morte essa se' dice,
ce vuleva pure isso stammatina.

§ 44

'A CHIESA

Si diece anne forse manco
me ricordo a meza lira,
e chillu' bello purtuallo
la'for''a chiesa e Sant.Antuono
tra' Pretura e' Capuano,
chella bella chisiella,
addo'nu' prevete accanito,
Padre Vito, t'aggranfava cu nu dito,
'e po' diceva, guaglio'
trase dinto pe' sta' messa
ca te donghe meza lira
e' nu' gruosso purtuallo.
Nuje munelle 'a chell'eta',
'o penziero era 'a pallone,
'o 'a scurria' pe' miezz''a via.
Ma' Padre Vito convinto vuleva
a sti' munelle converti.
Isso diceva mo' jesce 'a messa
trasite jamme peccatore,
ca ve donghe a meza lira
e nu bello purtallo.
Ce' traseve m'assettavo,
e a' tutte e Sante me guardavo,
lla'pe' quase n'ora, che martirio
lla' ngiunucchiato a sta' prega'.
Ma'io nun pregavo, ma' penzavo
a meza lira e chillu' bello purtuallo,
ma' distratto guardavo 'e sante,
tanti guadre e madunnelle,
belle 'e pitture 'e fiurelle,
e io d'artista inconsapevole,
m'affascinavo e' tutt''a starte.

Tutte 'nzieme na' carocchia,
'a che dulore Padre Vito!
A tu accussi staje a pria'?
Ma che faje guarde 'ncielo?
La l'altare nun ce sta'
Ma che staje acchiappanne 'e mosche?
Jamme 'inginocchiete 'a prega'
'o scuordatella 'a meza lira,
aunite 'o purtuallo.
Mo tant'anne so'passate
E' m'arricordo 'a Chisiella
Chillu' prevete Santone.
Aunite 'a mez''a lita
era gruosso o purtuallo.
Mo' nun guardo chiu' stralunato,
'e nemmeno acchiappo mosche,
ma' so' n'artista dichiarato,
e de l'arte appassionato.

§ 45

'A MAMMA

Chi tene 'a mamma si che furtunato,
pecche' na mamma vale nu' tesoro,
che'mborta ca tenisse frate 'o ssore.
'A mamma e' n'ata cosa,
na' cosa eccezzionale, difficile 'a spiega',
essa ca sempe veglia, essa ca tutto senta,
senza l'addumanna'.
E' quanno staje 'n pericolo
'a primma che si invoca e sempe chella lla'.
'A mamma e' na putenza da nun pute' emita'
'a mamma e' na sapienza ca l'arte nun po' fa'.

§ 46

'A LUCIANA

Tire 'o viento tra' e' capille,
comme l'onne e' miez''o mmare
chesta chioma nera e' bella,
s'atturceglia ancora 'a mme.
Strisce, sbatte, s'arrevota comm''e che',
songo pazze sti' capille?
'O e' na furia sule pe' me'!
Faccia auliva avvellutata,
cu duje uocchie de curvine,
ma che dicite? Che vulite?
Io te cerco, tu me truove,
sott''a luna aspetto a te.
Se' sfrenata sta' passione
e pircio' t'aggia vasa'.
Tu te scuopre chesta faccia
'e nu penziere vene e va',
che cerasa che stu' llabbro
nun resisto l'aggi'a prua'.
Tu si bella comme 'o mmare,
cu' sta' luce 'nfronte 'a tte,
Lucia' tu si l'ammore,
tu si 'a Sirena fatta pe me',
'e pircio'te voglio ama'.
Ma' chest'onne so' aggitate,
e comm''e mme so 'nfuriate,
cu na smania e' te vule',
sbatte 'o core comm''e ll'one
peggio d'isso stanno a fa',
che fertuna sta' nuttata,
'mparaviso stongo a ghi'.

§ 47

'A MAMMEME

Volene 'e nuvule sperdute sta' juornata,
so' grigge, so' verdaste, comme so' scure.
Mentr'io mastregne 'o core int''a giacchetta,
che friddo che m'acchiappe a stu' penziero,
facenneme turna' tant'anne areto,
facenneme senti quasi guaglione.
'A mamma e' sempe mamma,
ma quanne l'haje perduta,
nun se' po' sostitui'.
Essa rara, originale, una sola ce ne' sta'.
Ogge e' 'a festa soja, e sto' cca' pe' celebbra',
a voglio fa' cuntenta, pe' chelle che m'ha dato,
l'ammore, l'attenzione, nu' cuofone d'allora.
Mille carezze, e ammore da maje cchiu' scurda'.
Pircio' me trovo cca' miezo 'a tanta ggenta,
voglio pare' cuntento, tra 'o via vaje da folla.
'E sciure chilli' tanti regale, peccato ca mo chiove.
Vaco addu' mamma mia pe le purta' sti rose,
quante so' prelibbate,'e pure profumate,
pe stu' penziero e' Maggio.
Riposa mamma mia, e statte 'n pace eterna,
c'ammore mio pe' te rinasce tutt''e juorne.

§ 48

'A PIZZA

Si vulite magn''a pizza
veramente 'originale,
sule 'a Napole se' trova,
sule 'a Napule se' fa'!
E' pircio io ve cunziglio
Jate da Brandi vo' dico ji'
'A Regina Margherita,
e chell'epoca, che vulio
ch'etta senti!
Ordinaje sta' pizza rara,
ca sule 'a Napule sanno fa'.
'O pezzajolo fortunato,
'e previliggiato 'e tale onore,
ce' mettette tutt''o suje
pe' concepi' sta' pizza rara.
'E' vulette fa' na' pizza
dedicata 'a na' rigina,
ca fa' 'e nomme Margherita.
'E 'ngiarmaje pe' culore
Janco russo, aunito 'o verde
'e facette na' bandiera,
na frunnulella e' masinicola
rossa e' viva 'a pummarola
e de bufula 'a muzzarella.
E' pe chesto ca sta' pizza
e chiammata Margherita.

§ 49

'A SPESA

Armanduccio bello e' mamma,
ma vuo'j' 'a fa'nu' poco e' spesa?
Piglie 'o ppane da Tucillo
e nu' chilo e pummarole
tanto 'a pasta gia' ce' sta'.
Statte attiente addo' tha' miette
l'havisse perdere p''a via?
Mo' arrivato 'a stu' mercato,
addo' 'a folla gia' ce' sta',
che frastuono, cammuine,
stu' mercato ognie matina.
Tanta ggente che t'ho sceglie
po'to pose 'e po' so' piglie.
Tanti frutte, mille sporte
cu' carrette e' ciucciarielle.
Tutte stanno 'a sbaria'.
'A pusteggia che mullune,
na gassosa 'o na telesa,
cu' nu' Turco 'o nu'Maltese
stanne totte a' sbaria'
Acalate stu' panaro,
se' sperduto nu' guaglione,
siente 'a mamma ca t'allucca,
miezz''a folla d''o mercato,
mentre e' panne hann'a'sciutta'
che festine sti lenzole
parene bandiere 'a sventola',
so' ricorde e nu' passato
che dificile a scurda',
pare se' dicene tra' llore
cheste 'e miseria e' nobilta'.
Strisce 'o sole sfasteriuso
nun nci'arriva 'e se' ne va'.

'E arrivata na pusteggia
p'arricchi' sta' confusione,
'e calma' tant'ammuina,
na' sunata, na' ballata,
sempe 'a tiempo e' tarantella,
che tirantola verite?
Comme 'o vertice parite,
mentre io cerco p'accatta'.
Tanta ggente ma che folla,
chi t'allucca, chi te strille,
nu' canario 'o nu' cardillo
miezo ca' se' po' truva'.
'E arrivato Pulecenella
cu' tammorre e' castagnelle,
mieze a tanti pazzielle.
Mo' manca sule 'o Pazzariello,
ca' reclame 'e Tore 'o stuorte,
dice 'a paste e' de Gragnano,
'e l'agnaneche 'e da torre.
'o Mercate e' Sant'Antuone
Sta' vicine 'e Tribunale,
addo' tutto puo' accatta',
doje cajole, nu' mastrillo,
'o nu gallo che fa' l'ove.
Na' siloca na' vammana,
stanne sempe 'a te servi',
Bellumunno 'a sei cavalle,
tanti suore e munacelle,
vire 'o vescovo 'e passa'.
Mille Chiese 'e cappellucce
vire Sante 'a ca' e' a' lla'.
Sarra' superstizione?
Ca' tallisce 'o curniciello?
E' po' te 'mpapine 'a ca' e' a' lla'.
Tutte 'n file 'e bancarelle,
cu' mille cosa da guarda',
e valanza pe' pesa'.
Attiente 'a borsa si ce' sta'.
Ma' cherre' che jate 'e presse?
Ma' vulisseve n'espresso?

Pasticciotte, sfugliatelle,
ch''e 'a delizia de zetelle.
Siente 'o fischio d''o vapore
Nocelline Americane, spassatiempo.
Tengo 'a lampeda p''a notte,
ve' pigliate 'a carruzzella,
'o vulite nu' taxi'?
Po' c''o pise 'e cu' na posa
tutte stanne p'accatta',
sempe miez''e 'o votta, votta,
ne' tu' m'havissa scarpesa'?
'O cantanto venditore ca capisce
'o cumpratore, cu na' mossa teatrale
scarse 'o piso 'e lascia sta'.
Chesta Napoli canora se' fa' sempe'
cchiu' scerupposa,
se' po' di quase amorosa.
Quant''a folla, quant''a ggente
gue' tu m'avissa scarpesa'?
San. Antonio beneritto che si Abate
'e stu' mercato famme 'a grazia si tu puo',
cu' nu' terno, 'o na' quaderna
me putisse sulleva',
San.Genna' tu ossaje gia'.
Ma' si n'appicceche succere,
ca miezz'a piazza, si vicine 'o bancolotto,
ca' succere 'o quarontotto,
addo' tutte anna juca'.
Mo' scetateme 'a stevento,
marricordo da mezzalira
c'aggiu' perso miez''a via,
senza spesa 'e ne denare,
forse 'e meglio torno 'a casa
ca mamma' me st'aspeta'.
Che' paliata chella vota,
Chi so' po'maje cchiu' scurda'.

§ 50

'A PUMMAROLA

Ma che cosa speciale,
si te magne 'a pummarola,
sapurita rossa tonna
fatta e' tanti furmetelle.
Quanne magne sapurite
truove sempe 'a pummarola,
c'abbellisce t'arricchisce,
t'assapore chello e' chesto,
e te siente arreccria'.
E' nascette Messicana
Colombiana, 'o Peruviana?
Ma' mo' si Napulitana,
e da nuje pe' primme amata.
Nun si mela, ne granata,
ma nu' pomod'oro si'.
Tu' si tanta sapurita,
crura 'o cotta, int''a 'nzalata,
me faje sempe cumpari'.
Tiene 'a forma 'a palluccella,
spisse corta, 'o a' buttigliella,
e si pure cerasella,
ma 'pero' quanne si' grossa
taggia fforza po' taglia',
spisse t'aunisce 'a muzzarella,
nu' ragu' chella salsetta,
pare bella a tutte parte,
e si pronte da magna'.
Quanta vote t'aggio visto
'ncoppe 'a nu' spaghetto
'a festiggia'.
Pummaro' si seme tu'l.

§ 51

'A CANNELA

A cannela songo e' cera culurata,
spisse janca 'o mpupacchiata,
'e me chiammene cannela
da quant'era na' schiattella.
Sto' appicciate notte e' ghiuorno,
spisse vote manco dormo,
'o astipate int''o cummo'.
Mi truvate dint''e Chiese
'nfacce 'o Santo 'o cappellucce,
faccio pure anniversarie
spicialmente l'onomastico.
Quanne allumme puzzo pure,
songhe e' tiempe c'aggi''a fa'?
E' me sto' pure 'a squaglia'!
Io so' elergica 'o calore,
nun me pozzo riscalda'
pecche' si me squaglie
manche 'o miccio truove lla'.

Spisse vvote tra' e' lumine,
me sto' sempe 'a 'ntusseca',
nun ce' sta' considerazione,
io so' alta me capite?
E' llore curte sti' nanille,
sempe attuone pare e' tengo,
ca me 'nfocane 'a gunnella.
Io me trovo meglio 'nterra,
si luntano da e' lumine,
'ncopp''o fuosso 'e campusanto
la' ce stongo sultant'io,
ma tutto assieme na' vucella
pare jesce 'a sotto ll'a'

che paura sarra' 'o muorte,
che me dice 'e m'ha svignia'
e me dice, po murette c''o fuma'
e fuje atterrate p''a malaria,
a tu me staje 'a fummechia',
e' pircio' saje che te dico
si e' fummo che vuo' fa'
va 'fa 'nculo 'a parte e'lla'!

§ 52

L'ACQUAJOLA D''O SPAGHETTO

DonnAma' che refrerio
che piacere, che sapore
che chest'acqua ca' tenite.
L'acqua vosta e' beneretta
spicialmente int''a ggiarretta.
Che chiarore 'e chesta chianca,
tutte marme 'e culennette,
tra' sti pennele 'e mummarelle
site 'a cosa ca cchiu' asseta.
Friddo e 'o marme de Carrara
comme 'a neva d''a nevata.
Mentre invece vuje apparite
n'aranciata sapurita,
che manelle, che fussille,
si muvite sti' detelle.
DonnAma' io pe' fuje
massetarria, pure into i desento me starrieje
baste ca vuje stisseve lla'.
Datemmela na' resella
DonnAma' pe' carita'!
Vuje dicite so' scucciante,
chell''e ja sete DonnAma',
e che faccio me ne vaco?
'O vulite ca sto' cca'?
U' Maronne che calore
se' appicciato 'o creatore
tengo stu' ffuoco da stuta'!

§ 53

'O RICORDO E' PATEME

Papa' mio quanne te penzo,
quantu bene ca te voglio,
io nun sapevo ca' st'affetto
steva 'nzertato aunite 'a mme.
N'omme bello intelligente,
affezionato, sempe assente,
vase abbracce 'e scuppulella,
cocche critica a paggella.
Grussiciello m'avvisava
de pericule e gunnelle,
nun fa' chesto, nun fa' chello,
fatte onore, famme l'omme.
Ogge me manche tanto,
ma 'o core nun invecchia stu' guaglione,
me guardo dint''o specchio,
'E si me dumando chi e' stu' viecchio?

§ 54

'A VENDETTA D''O SPAGHETTO

Dicette nu' spaghetto a nu' tacchino,
tacchi dimme na' cosa stammatina,
voglio sape' pecche' tutto stu' 'impegno.
Ognie anno quanne arriva 'a festa tuja,
'a ggente jesce pazze t'accatte e' 'nforna.
Arrivano da luntano tutte pe' na juornata,
cercano e' sta' aunite da e' nonne 'a criaturelle,
pecche' tantu' burdello?
E che succiese e me' chella juornata?
cherre' se' so' scurdate?
Nemmene na' parola,
io ca so' nu vermiciello e razza
allora chessa fa' chiure puteca?
E de tutte 'o rieste da famiglia mia,
cherre' vite scurdate pure e' llore,
linguine penne zite e maccarune,
pe nun parla' e' lasagna e' tubbetine.
De' pietanza e' meglio a nun di niente,
e d'o rau' e meglio a starme zitto.
E da carne jo' pesce? Pure chello e da' scarta?
Vabbuo' aggio capito, tu pure aje raggione,
ma' sultanto na vota 'a l'anno,
e doppo cummanne io.

§ 55

'A ZINGARA

Miez''a piazza e Sant.Chiara
sott''a Chiesa d''o Gesu',
tutt''e juorne sta' 'mpalata
na' Maronna c''o bambino.
Faccia verde e' tuppe scise,
olivastra 'o sporca e' lota,
cu' chill'uocchie 'a fungetiello,
va' p''a cerca gia' da l'alba.
Shallo russo 'e vesta gialla
'mbraccia tene na' criature
'e cu' chell'ate na'mappata.
Dice 'a ogniune 'a zingarella,
falle bene 'e Dio t'aonna,
ma cu' luocchie sempe attiente
addo' tu' astipe n''a muneta.
'A criatura sempe chiagne
nun vo' sta' cchiu''nzine,
vo' pazzia ca' sorellina
ca pur'essa allucca 'o chiagne.
'O marito da luntano
sott''e mmure cu' n'ancunia
Appicciate nu' fucazzo
pe' rispetto e' stu' paese ca si chiamma
Portacolli.
Mo zi' prevete avvelenato
e' consapevole de bravate,
le dice basta, andate via da qua'
ne' squallori, e' ne elemosine,
e di quel focolare, non sia maj,
e che Dio sia lodato.

§ 56

L'ULTIMO STRAZIO

'A solita stanzulella tutte merlette,
'a pianta, 'a cefuniera, 'a culennetta.
'o lietto attone 'o Santo int''o stipetto.
'Ntrona na' religua 'ncopp''a sta' tuletta,
grossa e' 'a campana e' vvrito.
Addo' nu' Cristo tene 'o core mmano,
'e pare ca' s'allarreje inta' campana.
'A seggia' e paglia, 'a tavulella,
chella munachella, 'o libro e' messa,
nera na' curona. 'Asciute e messa.
'O lietto attone,
ja' fenestella c'affaccia int''o rione.
Sta' stanzulella soffre senza 'a maesta.
'E t'ammalaste povera mamma mia,
lascianne sparse p''a stanza tanti ricorde.
Brutto ricordo 'a morte 'e mamma mia.
Quant''a malvaggita' c'astipa 'o munno.
Che me rimasto d'essa, che nostagia,
P'a' stanza pare sento ancora e' passe,
sarra' forse c''o spirito ce pase,
lascianne chill'odore e 'Santita'.

§ 57

'A SURRENTINA

Femmena bella, femmena Surrentina
tra' ciele 'o mare tu si tanta fina.
Tra' tarantella, muse e sti ciardine,
tu balle da' muntagna alla marina.
C'addore 'e sciure arancio e mendarine.
Quanti limone, ricche so' e' villine.
Ne' fanno de liguore verdolino.
Turchino 'o mmare pare fa' l'inchino,
e ancora Turco tra'torre e sti' marine.
'A spiaggia, l'onna e' 'o sole, sta' riviera,
Mari' quant''a culure, 'n paraviso.

§ 58

L'ACQUAJOLA

Donna rosa l'acquajola
'a calate 'o Pallunetto
'a cchiu' bella Luciana
ca putite maje truva'.
Quann i' passo pe' stu' chiosco
tutte e' marmo e' mummarelle,
me fa' luocchie cunzula'.
Sta' sbracciata 'sta pupata
tra' l'appesa de limone,
vo' fa' sempe n'aranciata
pe' chi soffre e' seta rara.
Che' parata c'abbundanza,
songo e' forme 'e l'acquaiola.
Benrico 'a stu' creato,
vuje verite ca' sapute cumbina'?
'O sarranne cheste appise ca' me fanno
scemuni?

Donna Rosa ca resella gia' m'ha
fatto riscalda', e mo' mieze
'o ghiaccio e' sti limone
m'aggia' afforza raffredda'.
Tutte tene assieme 'a frutta
pure 'e Sante e fiurelle,
nu cardillo, 'o pesciolino,
pe da sfizie 'e piccerille.
Ma' 'o cardillo int''a cajola
guarda sempe 'e mummarelle.
L'acqua vita 'o 'a presa d'annese,
si a vulite se' po' have.
Fredda e' l'acqua da nevata,
leva 'a seta la' pe' lla'.

Da' surgente 'o Chiatamone
'a suffregna e' nu' sapore,
fresca, fresca si t'ha vive
tu rinasce miez''e lla'.
Donna Rosa co' pizza 'a risa
teno 'o sguardo a f'asseta',
ognie tanto da na' voce
bellagge'!
Cu tre calle vive 'e magne
tengo cunfiette 'a regala'.
Da' muntagna tengo 'a neva
fredda, fredda si a vuo' prua'.
Pero' statte attiente p''a rentera
casomaje sessa cela.
Tutte vonne 'a donna Rosa
pe' chell'acqua ch'essa venne
gia' gelata da staggione.

§ 59

L'AMICIZIA

Ma che vo' significa' chesta parola,
teneva si n'amico scubinato,
ca pe' campa' stracciava 'o miezo juorno.
Sempe affarate, sempe 'a cose e' niente,
spisso 'o 'ncuntravo pe' Virgene, Tuleto.
Sempe cuntento quanne me vedeve,
n'abbraccio e' stretta e' mano,
'e pigliammece 'o caffe'!
Erame cumme duje frate tutt''e dduje,
ce' raccuntaveme 'e vizie l'avventure,
ma sempe pronte pe' da n'ajuto 'a lato.
Ma' mo' fa tiempo ca nun l'aggio cchiu' visto,
chisa' che stato? Forse 'e malato.
Sarra' partuto, forse se' 'mbarcato?
Senza nemmene na parola 'o nu' saluto.
Che 'nfamone, e chisto sarebbe l'amico carnale?
Meglio e' nu' fratte sempe l'aggio trattato,
ma che dicite, ma vuje pazziate?
'E quanne 'e stato? Isso mannummenato?
Overo Vicienzo e' muorte.

Riviera

§ 60

'A SURRENTINA

Femmena bella, femmena Surrentina
tra' ciele 'o mare tu si tanta fina.
Tra' tarantella, muse e sti ciardine,
tu balle da' muntagna alla marina.
C'addore 'e sciure arancio e mendarine.
Quanti limone, ricche so' e' villine.
Ne' fanno de liguore verdolino.
Turchino 'o mmare pare fa' l'inchino,
e ancora Turco tra'torre e sti' marine.
'A spiaggia, l'onna e' 'o sole, sta' riviera,
Mari' quant''a culure, 'n paraviso.

§ 61

KOSOVO

E' so' risuscitato?
Si so' turnato n'ata vota areto.
Si so' turnato pe' m'arricurda',
pe me convincere
ca nun me so' sbagliato.
Gia' fuje terreste cu' milione 'e guaje,
tenevo 'a casa mia, 'a terra a vita.
L'ammore de na mamma e' criature.
Ma' tutt''e assieme tanta crudelta',
truvanneme tra' belve 'e nfamita'.
Quant''a malvaggita' porta 'a furesta,
pure l'amico mio, ogge m'addita 'o dito.
Sta' chi accire abbusa, seduce sevizia.
E chi'penza na pace 'e a' liberta'
Sti belve umane quante vonne campa'?
C'allicchene e' cadavere e o sanghe ancora cavero,
sempe pe' chillu' scopo ca vonne cumanna'.
Sti querre nun so' querra ma fraticidio
so' querre d'odio pe' nu' stesso Dio.
Pur'isso Macchiavello l'architetto
penzava sopratutto alle conquiste,
girava attuorno, attuorno comme a' mosca,
pe' cunziglia' 'o maligno 'a massacra'.
Na' cumbinato' maje quaje, stu' farenella
danne cunziglie 'a Princepe e' Reali.
Ma mo' ca stamme 'n pace ve lo detto?
Ce ne sta' n'ata astipata po' brevetto.

§ 62

ISCHIA

Ischia tu ca brilla e' si bella,
si 'o giojello d''o mmunno,
nciaccia afforza turna'.
Cu's tu' sole ca coce,
pare e' case s'appiccene,
e na cosa 'a vede'.
Tutte luce, 'o te brilla,
tra' nu' mare turchino,
forse azzurro, 'o prussiano
che na cosa a vede'.
E' squarciona 'a marina
fatta e' mille culure,
fa e' Sirene sceta'.
Che sfilate e' guaglione
e nu' vino a prua'.
'O turista gia' ssape,
da luntano isso vene,
e' s'encanta' a guarda'.
Si da Lacco 'o Forio
tra' nu' funcio e cullina
na' ceramica sta'.
Pare tutto smaltato,
tra' sti vase 'e piatte,
pare Nettuno sta' cca'.
Ma' mo' sento n'addore
c''o profume d''o mmare
e stu' sole ca brilla,
che furtuna a sta' cca'.

§ 63

FURCELLA

E so' turnato n'ata vota ca',
nient''e cagnate,
pare come si fosse ajere.
Travedo nu' criature
che cazuncielle curte
e' libro sott''o raccio,
'cu na' pezza 'nculo.
Io currevo allero,
facenne l'angarella,
tra' frutta e' carrettelle.
Ancora m'arricordo
L'accatone, 'a vecchia,
chillu' vennitore,
'o cuoppo allesse,
'a spigha, 'e franfellicche.
'A ggente c'alluccava
Sigarette,'a giacca e' pella,
'a solita buatta.
'A folla de pustegge,
'o scartifoffo.
E io currevo, felice io sustavo.
C''o mantesino niro je scarpe rotte,
nu nastro a tricolore comme sciarpa,
m'appresentava annanza 'a na pusteggia.
N'ata prucessione?'A riffa, 'o maruzzaro,
n'ato devoto.
Migliare d'affariste senza mestiere,
migliare e' muorte e' famme e' sfasulate,
sempe 'nquajate.
Na rocchia che rimasta sempe lla', senza emigra'.
'A solita puteca 'e l'ugliararo, 'o panettiere
chillu' macellare, volene e' scurpiune tutt''annata.
Doppe tant'anne so' turnato, pe' me truva'
pe sti strade antiche e' belle, addo' ricordo
lascia 'a bronta suja.

§ 64

FEMMENA

Femmena si fusse tutta mia,
femmena si te facisse ama',
pe' me sarriste tutto,
'o munno, 'o cielo, 'o mare,
nu' firmamento sano
darrie pe' sta cu' tte!
Tutto io te cedesso,
e chello che me cchiu' caro.
Femmena tu si na cosa fina,
pe te io 'mpazzaria,
m'he ditte ca vuo' tutto,
e' chello che me caro,
'o sole,'a luce 'o mare,
e l'aria che respiro,
'nzomma io tutto darrie pe' sta' cu te.

§ 65

FELICITA'

'E vvote quanne sente sta' parola,
me giro attuorno pe vere'aro' vene,
'a guardo 'nfaccio pe' scupri''a quagliata,
'o e' forse quacche indulgenta dichiarata.
M'ajere 'o sguardo mio fernette 'a fallo,
addo' a miseria non aggrazia 'o 'ntalle.
'A l'angule di strada che verette?
N'a povera pezzenta stesa 'nterra,
'e na' criaturella dinutrita lla' strett'a pietto,
na' lacremelle miezz''e stracce, 'a tuzzulella e pane.
Ma' ggente passe guarda e se' stupisce,
nun dice niente,'o stesso fa' 'o Comune.
F'a friddo sott''a chiesa 'o Viscuvato.
Nu' via vaje 'e 'a Chiesa sta' yurnata,
genta felice, devota, appassiunata.
Belli tanti Santi allummenate,
addo' ce sta' Maria che guarda 'ncielo,
jo' Pataterno ca se' tocca 'o core.
Facce crumate, espressione amate,
facite ca sta' mamma se' sulleva.
Ma' 'o tiempo passa, e se' ne va' na vita,
addo' fa' friddo e nun ce' sta' naiuto.
Che puzze e' 'ncienzo fanno e' mess'e' vierno.

§ 66

'E SCUGNIZZE D'ALTRI TEMPI

D'int''o vico 'a Vicaria
na parata de scugnizze
se' scetava d''a nuttata,
cu chill'uocchie assunnulate.
Se' lagnavene d''a miseria
lla' dint''e sporte lla' arrugnate,
discudeva de bravure,
de fritture e' zuppulelle,
e' de pizze 'a ogge 'a otto,
d''o suffritto de frattaglie.
D' ammuina 'a folla 'o scippo,
d''o dueje ssorde 'o caldarone,
janco russo 'o allattante,
ca' cu duje dete 'e mine 'nganne.
'O turiste spillaccione,
'o l'Inglese sfuttitore,
e'pure da guardia Reggia,
ca sustava c''o bastone.

'Miez'e porta Capuano
so' imponente chelli torre,
ce passaje nu' Federico
che Imperatore beato a isso.
Cumme e' torre so' 'e scugnizze,
maestose, indistruttibile,
so' d''o popolo e' verrizze.
'O Guverno fa' 'o cecato
sta' chi dice so' leggibile,
n'ato dice assaje visibili.
Pascalone e' che se lagna
dice tengo na famma,
'o capo 'n testa le risponne,
a chi 'o ddice io so' gia' muorte.

Nun fa 'o strunzo statte zitto,
chine pezze so' ridotto,
cu duje cazune e' tre giacchette
io maje nun trovo n''a vrachetta.
'e m'arrangio si aggia' piscia'.
Songo e' tiempe c'aggia fa'?
'A si fosse milionario
quanti ccose m'accattasse
ma' sciammeria 'o matarazzo,
'o na' carrozza c''o palazzo,
m'ato e' llore rispunnette,
n''a muneta fosse bona,
m'apparasse panza e' ossa.

'O mezzano Rafiluccio
penseriuso rispunnette,
qualunga muneta fosse bbona
ma che dico almeno 'e ciento,
chi tene e' lire 'e furtunato,
no comme e' nuje miez''e a na' strada.
Ce vulesse nu' Miraculo,
San. Genna' vi tu che puo' fa',
quacche grazia si tu vuo',
p'appara' sta' famma eterna,
e pure pe' lascia' sta' sporta rotta.
Malerico a sti putiente,
ca nun pensane 'a nuje ca 'nterra.
Masaniello haveva raggione,
quanne sferraje 'o lacertone
tanno se verettene 'e Giacubine
tutt''e appise int''e vetrine.
Luigino 'o vicchiariello,
ca e' scugnizzo cchiu' carillo,
cianciusiello e' assaje bellillo,
inconsapevole de somme,
'o de desiderie gia' sperate,
rispunnette, io vulesso si putesse
na mamma' si me vulesse,
e nu lietto addo' durmesse,
addo' friddo nun ce' stesse.

§ 67

'E RROSE

Maggio arrive puntualmente ognie staggione,
e arricchisce rose 'e sciure e stu' ciardino
Mille so' bicciole e rose ca se' schiudene tra' llore,
ogge e' tutt'o nu spledore.
Maggio tu si tutte primmavera,
sulamente chistu' core, ogge soffre e'nostagia,
pecche' ce manca Maria 'a nammurata mia.
Pirci'o'sole nun vo 'asci chesta juornata,
fa' friddo e io sto' senz''a nenna mia.
Triste e stu coro mio, che malincunia.
Ma' e' rrose che ne sanno 'e sta' malia,
e sta' fredezza e core 'e da malincunia
sbocciano ancora gia da stammatina.
'A quanne ma lasato nun trovo cchiu' arricietto,
ormaje tutte e' fernute se' annamurate e n'ato.
Triste pare 'o ciardino senza na stessa annata
Ma 'e rose so' cucciute nun sentono raggione,
pe' forza vonne asci, vonne resta felice.
Sente nu' scalpesio, de rose nu' prefume,
Mario? Mari' si tu'?
Che smania che piacere, chest'aria e' primmavera,
e' sciute pure 'o sole, Mari'io Maggio e tu'.

§ 68

L'ETERNO PULECENELLA

Storia leggenda mito, chesta e' a' vita mia,
sta' maschera ca' tengo e' stata sempe eterna.
Io rappresento Napule, io so' 'a cartulina,
io so' chillo buffone, ca 'triste fa''o guaglione.
Sta' maschera ca porto? Pe nun rivela' n'aborto,
pecche' io so' scurnuso, pircio'vesto cu' janco e' nire
pe'la purezza mia, 'a maschera nera e' p'a' nustalgia,
io' russo e' pallerezza, felicita' e' gaezza,
pircio' pe' chistu' fratto m'abboffe 'e salsa e' pasta,
po' abballo rire 'e canto, cu' ciente figlie accanto.
Muglierema gia' stanca s'addorme, mentr'io 'o sone 'o canto
ma' si me sento male, m'arriva 'a cape e' morte.

§ 69

'E SIGARETTE

Sta' chi beve caffeina
e se' fuma nicotina,
sta' chi accatta sigarette,
'o se' fa' quacche speniello,
n'ato invece vo' sicarie
'o nu' bello tuscaniello.
Don Pascale d''o mercato
dice 'a pippa 'e ancora meglia
lla' tu' 'nzacche appicce 'e fume,
e tastrigne 'a pippa 'mmocca.
Sta' chi masteca tabbacco
comme fosse sfugliatella,
po' sputanne se' n'accorge
ca l'amaro nun e' ddoce.
'Ntiepo antiche t'accattave
'a tabbacchera, e cu' nu pizzeco
'e tabbacco sturniava pe n'annata.
Ma mo' e' tiempe so' cagnate,
'a sigaretta se' modernizzata,
vaccattate l'electronica
dicene ca nun v'ammalate
'e sparagnate.

§ 70

'E PUNPETIELLE

'O pisciavinolo strilla,
'o purpe, 'o purpe, 'o purpe,
'o cato, l'acqua e' mmare.
Verace 'e purpetielle,
verite che lumara
so' e' stanotte mo' arrivate.
Cchiu' 'e guarde e chiu'te magne,
'a fantasia t'avvampa,
gia' fritte 'int''a tiella
'o affucato 'a pomodoretto.
Quanta tinozze e' cozze,
'nterra 'a stu' mercato,
bello e' tutto apparato,
manca Nettune jo mare.
Tunninele e' lupine,
falle ca pasta longa,
'a solita cerasa chiu'
aglio e pretusino,
nun ve scurdate e' l'uoglio,
pe chi se' vo' diverti.

§ 71

LACREME E' POETA

Ci'avite fatto caso
ca sempe d''o principio
sti' poesie ca io scrivo
so' chiene 'e fantasia,
me parlano d'ammore
d''a vita de nu' core.
Ma' soffre quanne scrive
sti' lettere d'amore.
Parole belle 'e splicite,
faciteme sfuca',
pecche' chello che' scrivo
nun se' vo' accujta'.
Ci'azzecchene, ce' trasene
so' miele mocca 'a mme,
so' comm''e caramelle,
so' ddoce comme e che'!
'A recita continua
mentre 'o penziere vola
tra' sito 'e verse belle,
nasce na' sturiella.
Napule e 'o passato
ca nun esiste cchiu',
che bella poesia,
che verse arricamate,
chi ve po' cchiu' scurda,'
che site, che bellizze,
paese e tanti sfizie
ca mo' nun ce' sta' cchiu'!
Napule, ammore e tutt''o munno
chi ve po' maje scurda?

L'asciateme sfuca'
ca voglio recita',
so verse 'o na'pittura
sta' tavolozza e' sciure,
'o na vrenzola e' penziere
'a fa'parole d'oro.
'A tavolozza 'o ssape
e' tutt''a n'armonia,
ca rima 'o vo' poeta'.
S'affide spisse a suonne
'o ricorde d''o ppassato
Ja' bella giuventu'.
Torna 'o penziero antico,
cu' Napule citta',
torna nevella 'a vita
quanta' felicita'.
'E pure a tarda eta'
'mbrugliate sti penziere
quant''a malvaggita'.
'O saccio, nun ponno
chiu' turna'!

§ 72

SAN. GIOVANNI ROTONDO

Che furtuna che piacere
che stu'paese vuje verite,
nun e' cchiu' chillo e' na vota,
pecche' ogge pare n'ato.
Do' cummercio nun ve dico,
'o pajesiello se' arricchito,
va' notte e' ghiuorno senza sosta,
e' tutto pare ca' va' forte,
'o sta' cerca pe' n'ata sciorta.
Nonostante 'o via vaje,
e nu traffico incessante,
fanno furore cchiu' e' nu' Santo.
Int''o paese, regna pace, 'o pure ammore.
Pecche' 'o miraculo ogge e de lla.'
'E pircio' chi po' durmi?
Mo' so' tutte commerciante,
cu' puteche 'o bancarelle,
nu'truvate e' site belle.
Strade larghe e' albergatore,
nun parlanne e' pensione
ce ne stanne cchiu' e' nu' milione.
Ristorante 'e magazine
tantu' lusso tra' e' vetrine.
'O turisto cchiu' arriva,
'e 'o tassometro cchiu' va' e' cielo,
se' costruisce tutte' juorne,
p'alluggia' i senza tetto.
L'ospedale fuje gia' fatto,
menomale anche con tetto.

Benedetto padre Pio che di politica
fu' un eroe, specialmente monetario.
Oggi i miracoli si susseguono
e nun si' possono mai piu'fermarli.
Pure Roma se' convinta
scomunicare piu' non vale,
quando in vista ce' un Santone.

§ 73

MAMMA'

Mamma mia bella
n'ata festa e' arrivata,
tanno fatto Regina
n'ata vota mamma'.
Oje ma' tu' ca tanto e' criato
e tanto amore lasciaste,
mo' ncarnate cu' me'.
Pare e' vvote te veco,
forse e' 'o spireto tuje
ca ritorna da me'.
Ripose mamma',
riposeta 'ossa'.
L'ammore ca daje
Jo' calore ca tengo
isso vive cu' te,
e un penza ca te.
Mamma mia bella
'mbietto tu puorte na' spina,
nu turmiente e dulore,
'e na mancanza e vule.
L'ammore 'o calore
che remasto cu' me'
riposeta ma' riposete ossa'.
Ogge so' lacreme 'e sfogo
ca nun pozzo ferma'.
Comme e' triste 'o penza'.
Se' so' 'nfose sti' rose
che te voglio lassa'
riposete ma'reposite 'npace.

§ 74

MACULATINA

Maculatina che tanta carella,
e''o terrore, d''o rione Vinella
zompe 'e vola pe strade o' stradelle
'o s'ammocca int''e viche scadenti
zuppeccheja, vo fa' finta che storta
po' se' ripiglia e' accummencia 'a parla'.
Se sturzella o fa' finta e' care'.
Tutt''e giuvune 'a sanna oramaje
che pazziarella, spassosa, e fucosa,
'e pircio' fanno 'a schiera tra' loro
pe puterla parla'.
Essa e' scanze, se ne fuje appaurita
ma se frema ognie tanto a guarda'.
Ma e' guaglione gia' 'n core tra' loro
fanno a turno pe puterla afferra'.
Ma mo''essa nun restiste a chiammata
e accummencia 'a sfuca'.
ma nun se' po' cchiu'frena'.
Mene lazzo, dolcezze, 'e piacere,
sempe aspetta a chi tarde sta' fa'.
Torna 'a casa stancata e struppiata,
e gia' notte? E me pareva matina
cu na voglia 'e f'ammore pe n'anno
ma sta' sola e nun sape che fa'
po s'arricorde 'e accummencia 'a zumpa'.

§ 75

POSITANO INGHIRLETTATO

Positano stammatina pare tutto 'inghirlettato,
da muntagna guardo abbasce,
e veco a' cupula e'a chisiella,
tanti scale 'a serpentella,
sta' cascata scenne 'a mmare.
Pajesiello acciaccariello,
de turiste 'e nammurate,
magazzine 'e putechelle,
chine 'e ceramiche 'e piattelle.
Positano sott''o sole,
rire 'o canta 'a tutte ll'ore.
Specchia 'o mmare affatturato
e sempe isso nun e' n'ato.
Da marina 'e ristorante
fanno cose 'a stravede.'
'A sirena Siranusa
nun 'a veco se' annascusa,
forse aspetta 'a luna chiena,
pe' guderse sta' marina
Dorme 'e notte Positano
'ncopp''o golfo immacolato,
pare tutto na' scenata
o' nu' suonno raccuntato.

Porta Capuana

§ 76

POSITANO N'AMMURATO

Da Surriento a Positano
una furia m'afferrato,
e' pircio' me so' fermato.
Che culure, che bellizze,
c'aria fresca che delizia.
Guarde 'o cielo a fa' verrizze,
mentre 'o mmare sbatte 'o arrizza,
sta' chi dice ca' t'avvizia.
Sott''o sole fanno ammore,
cu na smania 'a fa' veni',
'ncurniciato pare 'o quadro,
da marina 'a sagli' su'.
Prussia e' 'o blu' oltramarino,
tra' l'azzurro e' nu' turchino,
ognie tanto mena scumma
che 'a tavolozza da' virtu'.
Si' Divino?
'O si ancora Sarraceno?
Guardo a coppe sta' cunchiglia
che na' cianfa' assaje carella,
sempe gire attuorno, attuorno.
Tra' na' Chiesa 'e nu' mulino.
Vire tanti barcuncielle
mille archette 'e fenestelle.
Posita' tu si l'ammore,
Posita' ma fusse eterno?
Posita' tu si 'o giojello
e nuje ca 'nterra.

§ 77

POSITANO

Si te firme 'a Positano
'e t'affacci''a guarda' 'o mmare,
tu da coppa vire tutto
e pe' forza tia' mena'.
Che creato, che veduta,
pare comme 'o staje acchiappa'!
Scinn 'e' furie pe' ggrarelle
struttulelle 'e 'a serpentelle,
tra' ciardine e' putechelle
vire 'o mmare accumpari.
Che' 'nzertate e' burgandille,
quant''a vverde staje 'a passa'.
Mieze sciure e stu' prefumo
spia 'o sole e' vvo' trasi',
scinne 'e ggrare alleramente
tra' na Chiesa e galleria,
mez''a strada e' fatto gia'.
Siente addore de limone,
e fa' l'aria prufuma'.
Positano, Posita'
tu si 'o meglio ca ce' sta'.
Da marina e' piscature,
n'ata rezza stanno a tira',
tra' na' cascate e' casarelle
che scenario da guarda',
e arricchisce Positano
cu' chest'arte ca te fa'!

§ 78

PULECENELLA

Pulecenella da' Cerra venette,
e' n'a purtate 'e miracule 'e guaje,
tu po' vire sta' sempe 'nquajate,
rire 'o canta e' lle piace 'e balla'.
Ten''e vizie d''a Rosa Marina,
nun fatiche s'arreccreja si sta' spasso,
Isso 'a scola ce' jette una vota,
'e mille cose s'haveitta 'mpara'!
'E mestiere ca tene so' tante,
sape e'tutto nascette 'mparato,
nu' cunzuglio va' da si' vulite
ma' pero vuje l'havita pava'!
Nun e' russo, ne niro 'o marrone
vere 'o blue' si 'o parlate d''o mmare,
ma si d'arancio 'o nu' giallo dicite
ve risponne chill''e 'o sole ca' cerca p'asci'!

Quanta verde pe' tutt''a vallata,
che 'nzalata 'e sta' vita pe' mme',
io da Cerra partette currenne,
e mo' s'o' patrone e' sta' bella citta'!
Nun so' antico, 'e nemmeno nu' viecchio,
ma 'o custume 'e rimasto ccu' mme',
nun so' bello e' nemmeno ammirato,
porto 'a maschera c''o niro e' c''o janco,
'e stu' russo po' Vesuvio si scoppia.
So' scurnuso, si me parle 'o t'accuoste,
'o me cirche sta' facci''a vede.'
Io de Napule song''o padrone,
senza me nun se' sposta na foglia,
e quanne tutto funzione 'a penniello
si so' guaje po' correne 'a me!

Io da protettore pruteggio si pozzo,
tutt''e guaje ca fanno sti fesse,
ma senza astuzia ritornane 'a mme.
Quant''a verde pe' tutt''a vvallata,
che disgrazia quanne e' veco arriva'!
'E vvo' di ca si e' ammaccato,
faccio e' tutto pe' farlo smacca',
io capisco tu staje stritto ca' sacca,
'e pure ogge ci'avimma arrancia'!
Aggio fatto na bella penzata,
si me scorde da guaje cumbinate,
forse spero ce' putimme appara'!
Sto' scetato e'na bella juornata,
na passiggiata me vulesse ogge fa',
pe' Pusilleco, 'o Santa Lucia,
nu' teatrino io havesse 'nciarma',
tutto e' pronto s'arape 'o sipario,
'e vire e' pupe pronte ll'a recita'.
Tanta ggente ca' passa e' sa' rire,
cu' criature cuntente e' giojose,
chisto' 'e Napule ca canta e' nun more.

Ma' pecche' quanno recito 'o strille
cu' sta' voce ca' sona 'a quaquiglia,
nun bastava sta' faccia'a quadriglia,
sta' ggenta rire 'a crepapella pe' mme'!
Ma' io po' dico nun bastava sta' sciorta,
pure 'o sfottere m'aggia piglia'?
For''a porta nu bello cartiello,
si qualc'uno sta' 'n cerca di me'!
Iesco pazzo penzanno apparenza,
e' sta' cammisa, che tanta abbundanta,
addo' ciente figlie s'aggranfene 'a mme'!
Tutt''a janca e 'a cammisa e' 'o cappiello,
che chiarore che sta' vita pe' mme'!
Ma' tu' ossje ca sta' mascara nera,
e sti' scarpe sparate e' scassate,
erene 'e pateme e de Napule o' Rre'!
Petito isso e' nomme faceva,
'a San Carlino na notta fatale
'ncopp''a scena morete gniorsi'.

Tutt''assieme se' ferma 'o teatrino,
n'ata sosta pare 'a itto vo' fa'!
Che' riposo, che calma, che pace,
io nun so stato maje tantu' cuntento,
ma cherre'?
'O riloggio se' fermato pe' mme'?
N'ata girata 'a itte vo' fa'!
Nun ce' viento, ne freula 'o ciato,
e s'avvia 'nfacci'a 'o mmare incantato.
No' trapazze, 'o travaglie, 'o na voglia
tutt''a ferma e' sta' vita pe' mme'!
Scanzo 'e 'mbruoglie, 'o pasticce ca fanno,

so' felice, nun so' state maje tantu' cuntento,
menumale 'a fermata e' arrivata.
Fosse bella si sta' sciorta cagnasse
senza guaje, e nemmeno delure,
ma sultanto nu' pranzo 'a dovere.
Io comme padrone 'e sta' bella citta',
rischio e' tutto pa' fa' sulleva'!
Creje festine ballatte 'e sunate,
piedigrotta, canzone 'e magnate,
pe' finalmente cujete durmi'!
Ma' peccato ca' stu' suonno e' fernuto,
n'ata vota 'o sipario s'arape,
n'ata vota cu' sta' faccia ammaccata,
n'ata vota c''o teatro e' sti' pupe'!

§ 79

QUANNE T'ARRIVA AMMORE

L'ammore quanne arriva e' nu' mistero,
t'acchiappa all'imtrassatta e' te cullea,
te fa'senti' leggero, quase vuole
pe' te ferma' addo' core te trascine.
Te scuorde 'e tutt'o male, e faje e vuo' fa bene.
L'ammore quanne vene se' ntrafila,
isso se' 'nfizze 'e trase, chiano, chiano,
e'senza cerca' permesso gia' sta' lla'.
'E vvote pe' prudenza s'annasconne,
cerca 'e fa' finta ca nun ce' sta' niente,
sperdenne 'o sguarde addo' nun cerca niente.
No' nun se' po'nega' n'espressione,
st'attrazzione docile 'e fucosa.
Soltanto nu' sguardo basta pe' mpasta' n'evento,
e' gia' si cuotto comme fosse niente.
Uocchie espressivi, uocchie e'passiunate
nun me lasciate, stateve nu poco.
Vuje site''o duobeco e' chesta vita mia,
ca porte cunnulianno p''a marina

§ 80

QUANTA BUCIE

P''o munno sempe sonano canzone,
e de canzone Napule e' riggina,
ne nascene e' puete e' musiciste,
ne nascene d'artiste
e 'mpruvvvisiste.
Che clima, che furtuna e stu' paese,
ca sule se' t'alluntane ne suoffre 'o mmuore.
Pare c''o mmare se' fesseje c''o cielo,
danne 'o turchine 'a tutte sti marine.
Ma' 'o sole che 'o Masto 'e l'universo,
f'a l'Elius pe'tutt'a na' juornata.
Citta' antica citta' Creca, Neapolis,
dincelle ca Partenopa t'aspetta,
sirena cara regina bella,
tu' ca' nascitte, 'e ca' te reciclaste.
Po' arrivene e' turiste doltremare
tutt'e 'mbrate cu borse 'machinette,
vonne affera' stu' golfo 'e sti vetrine,
'a pizza, duje spagatte 'e na' veduta.
Quant''a bucie che dicene 'e canzone
'a vera Napule e' di chi ce soffre e' vive.
L'asciate sta' nu' poco sta' veduta,
'a guida turistica 'a passeggiata 'ammare.
Venite appriesse 'a me dint''a sti' viche,
'e lla' addo' truvate 'a vera Napule.
N'attore ce fuje gia' nato, mo' ce' rimasto
a' mascara, te prego no' nun m'ha scummiglia',
ca po' se' verene 'e lacreme
'e tutto st' arrancia', aunite a' poverta'.

§ 81

QUANNO FACCIO AMMORE

Io quanno faccio ammore
arrevote cuorpe e' core.
'A nammurata mia
i' comme se' cunzola,
e' vvote jesce pazza
nun se' po' cchiu' calma',
ma l'aggi'a suppurta.

Io quanno faccio ammore',
faccio comm''e l'espresso
'e vvote vaco luongo,
e spisse pure curte.
M'havessa fa' cura'!
M'avessa controlla'.
Ma' essa assaje accitata,
m'aggranfa, me fa' male,
'e io comme nu' fesso
me mengo 'nzina 'a essa.
Me' fa' a' solita mussicella,
'e vvote pure svena,
e' l'aggia' fa' calma'.

Io quanne faccio ammore,
l'astragno cu' fermezza,
essa nun reaggisce,
subbisce, e' capisce.
Pero' si po' se sfrena,
allora buonanotte,
arrivene e' gendarme
fucile e' bajonette,
stracciata 'e mo' 'a vrachetta.

Io quanno faccio ammore
Essa sempe ca' tira,
me vase, me da muorze,
nun se' po' accuntenta'.
Ma' si se' 'nfoca 'o gallo,
me 'ngrifo 'e do' l'assalto,
'e lla nce' faccio 'a festa,
cu' dolce 'e caffe' 'n quantita

§ 82

PASCA

Ogge 'e Pasca che piacere,
sente 'o suone de campane,
pare tutt''e prufumato,
pure 'a ggente pare sta''n pace.
Miez''a strada che via, vaje
se' preparene p''a ffesta,
Santa Pasca pace 'nterra
ca viene ognie anne 'a festiggia'!

Pace e' amore dice 'o munno,
na' colomba vola 'n festa,
'e pure 'a ggenta corre 'o va',
e nun sape che vo' fa'!
Magazzine allumenate,
belle esposte cu' regali,
truov e' tutte sta' juornata
pure l'uovo e' ciucculata.

Mille dolce 'e pastarelle
tra' cuniglie 'e pecurelle,
vire tanti pulicine ca se'
scarfano vicino.
Fore 'o bar 'a discussione,
da politica,'o pallone,
sana, sana na juornata,
'a fa' storia p''o pallone.

Io me sento cu' giudizio,
senza da n'opinione,
chillu' e' buono, stato strunzo,
chi 'a signato? chillu' stuorto?
Pure l'albrito venduto?
Jo' purtiene ca' nun va' niente.

Mentre sorso n'espressino
penzo 'a casa che vicina.
Torno 'a casa addo' muglierema
sta' 'nciarmanne int''a cucina,
tanti femmene affarate pare stanne 'a 'nfarena'.
Sta' chi rire chi racconta,
'o vo' sule muzzeca'!
'Ncopp''a tavola 'o capretto
cu' galline 'a ca' e' a lla'.
Sta' chi spenne, chi 'nbottone,

'o sta' sempe c''o sciacqua'
nu' catto' nu' panettone,
'e na' pastiera da 'nfurna',
l'ove 'ncopp''e casatielle
che guagliune lla' tucca',
chisto 'e 'o mio, l'ato e' 'otuje
vire e' femmene allucca',
ogge 'e Pasca jamme belle,

ca nuje havimma cucena'.
Se presentene l'amice,
cu pariente d'arriva',
tanta rrobba "ncopp''a tavola
nun ce' spazio manco lla'.
Sta' chi tocca, 'e sempe prova,
ce vo' sale 'o poche 'e pepe,
chell'aroma l'agnietiello

o na' fronna ranna, ranna.
Stanche morte siente e' femmene allucca'!
No' 'o salotto nun se' tocca,
'e sultanto pe' guarda
casomaje sessa spurca',

§ 83

PASCA INT''O VICO

Canta 'o gallo dint''o vico,
chiare juorno addo era scuro,
passa 'o sole 'nfacc''e ccase
senza maje si fa' vede'.
Ogge 'e Pasca pe' stu' vico
e s'ajzene e' guagliune
na' gallina gia' svulazza,
'e sott''o lietto v'afferni'!

Songo cinche sti' birbante
o' cchiu' quappo tene n'anno,
sta' chi l'acchiappa e chi tha' lascia
mentre essa sta'ffa' coccode'!
Pure 'a mamma se' ajzata
scuitanne na' lettera,
'e felice st'ammuina,
cu' tanti figlie e' na gallina.

Che peccato c'aggia accirere
chesta bella gallenella,
fine 'ajere 'a fatto l'ove,
vi che spugna ca' teneva,
ma ogge 'e Pasca e io 'o
bbrore l'aggi'a ffa'!
Sta' juornata e' speciale
tengo 'o pranzo a prepera'.

Dint''o vascio appiere 'o lietto,
addo' a luce nun ce' sta',
appicciato nu' vrasiero
p''a pastiere che vo' fa'.
Mieze 'a tutte sta' mmuine
quant''a rrobe che ce' sta',
nu capretto, spezzatino
castielle frutta e verdura.

'E butteglie co' liquore,
fatte gia da l'autrejere,
ce sta'rossa fraulella,
verdolino, e una giallo
manche fosse liguor strega.
Essa rire e' assaje felice
che creature 'a pazzia'
e 'o marito 'a sbaria'.

Pure 'o lietto pare bello,
ca cuperta e' seta blu',
miez"o lietto 'a bambulella,
ca move l'uocchie 'a cca' e'a lla'!
Sule 'o guaje ca stamme astritte
'e mariteme sta' spasso
cu nu posto d'arriva'
ma chisa' si s'avverarra'?

E' intanto che facimme
ce guardamme dint"o specchio?
Ogge 'e Pasca e l'havimma festeggia,'
'e ricchine aggio 'mpignate
c'asino' comme facevo?
Oramaje mo me songo abituata.
Mo' se' sente nu' pianino
sta' sunane 'o solo mio,

e m'affaccio for"a porta
pe' vere si e' 'a verita'.
Mo sta' stanza e' chine e' fumme
nun se' po' cchiu' respira',
tra' 'o vrasiere 'e a' furnacella,
se' affummecato vascio e' vinella.
Io sbbracciata sto' affarata
quase annure ma 'nfucata,

ma' mariteme arrezzate,
ognie tanto m'aggredisce,
e sempe pronte pe me vasa',
e' guagliune pure llore
fanno 'a gara pe' m'acchiappa'.

§ 84

PARTENOPE 'A SIRENA E' NAPULE

Che silenzio che pace,
pare tutto 'ncantato,
sarra' suonno sunnato,
'o na' visiona vissuta
Ca' m'ha fatto sceta'!
Tutto calmo e' stu'mmare
Cielo azzurro turchino,
che miraggio si tu'.
Me' apparuta Partenope
'a sirena riggina,
ninfa bella marina
ca cchiu' bella nun ce' sta'.
Tu' si 'a cchiu famosa d''o munno,
tu si 'a storia e Neapolis,
ma si apollo t'abbista
t'adda fforza po' ama'.
Cornamento divino,
che figura reale
oj' sirena d''o mare,
me faje stu' core 'mpazzi'.
Chioma nera e' curalle,
sciame argiente e' dorate,
ve spicchiate c''o mmare,
che brillante facite.
Chistu' golfo gia' 'o ssape
ca' Partenopa e' rara,
'e ca 'nterra vo' sta'.

§ 85

OJE CORE

Core mio dimme e' 'o vero?
Ca si giovane d'ajere?
Tu' faje spisse 'o criaturiello,
e me puorte fatte e' sturielle.
Io invece conto ll'ore
'e tramonte assieme 'a ll'oro,
tu intanto curre' e' fuje
senza modo e' te ferma',
che fertuna ca tu fusse
si te putisse rallenta'.
E' putisse finalmente
chistu' core vicchiariello,
pe' na' vota accuntunta'.
Addo' se' trova cchiu' na'primmavera,
chiena de sciure e sincerita'.
Senza interessa ma sincero ammore.
Pecche' sti' malatie?
Pecche' st'acciacche 'e morte?
Po' trappesiente tu' quase guaglione,
m'abballe, girulje, cante tu rire.
Scurdate de me' che so' nu' viecchio,
facenne fesso a chi maje se' ne fotte.
Ma' ormaje aggio deciso,
io crero chaje raggione,
a stu' core io tutt''o faccio fa',
'e lascio a chistu' vicchio
Int'' a l'infermita'.

§ 86

PAISIELLO ANTICO

Tu' marricuordo 'a meglia giuventu',
antico paisiello de campagna.
Cielo turchino muntagne annevecate,
limpide e' pure, vergine impitrite.
Voi siete comme 'i vecchi innamorati,
di quella vita e' di ricordi andati,
di gioventu' passata,
un filtro di ricordi e niente piu'.
Il tornar bambino, 'o dolce risonanza,
ma sembra tutto cosi' frugante?
Il tempo passa senza dir permesso,
'e torna come rondini ai sui nidi.
Ma' e' tardi 'e il sole gia' dietro a quel colle,
lasciando sciame di lampori arcani.
Cale la notte, par tutto muore,
domani 'a l'alba sara' un altro giorno.
E' ancora miapparlrai
Piu bello ancora.

§ 87

'O 'MBRIACONE

Sintite 'a me ca so' n'esperto e' vino,
e quanno vevo spisso facci''o Re',
nun date rette 'e cchiacchere,
si 'e vote fatte 'a vino,
dicite cocche vroccola
'e ciente pulicine.
Pircio' sentite 'a me che me n'intendo,
quanne 'o culore 'e limpido
'e pare cristallino, tanno chiammate 'a loste
'e bevitrville 'o litro,
si po' a' capa gira, vuje nu le date retta,
inghiteve 'o bicchiere, e bevete cu salute.
Ma' si arrivene l'amice, allora bunanotte,
facite buono 'o tuocco,
ca 'o bevere 'e 'a chi tocca!
Russo 'nquacchiate 'o pallido,
e vino genuino.

Dicette buone 'a vecchia
sott''a votta asprina, me songo 'mbriacata,
l'annata chesto vo'!
Quanne se' 'nfoca 'a capa
Sapite che vi dico, turnatavenne 'a casa,
nun date rette 'e chiacchere,
lasciatele parla '.
E' comme arrivate 'a casa
Nun sentite 'a ggente,
mettite 'nfrisco 'o vino
pruvatele assaggiatelo
'e si 'o sapore 'e buono, facitevenne n'ato

§ 88

OGGE

Acchiappa stu' mumento e 'chillu' buono,
ajere e' gia passato se' ne ghiute,
dimane nun esiste essa arriva'!
'O tiempo fuje comme na' cumeta,
'e porta chello che d'ogge e 'o fa' passa',
senza ritorno senza cchiu valore,
ma sule pe' ricordo e nustalgia.
'O dimane nun esiste, nun ce' maje stato,
chi aspetta tene sule n''a speranza,
ca tanta vvote t'arruvina l'ogge
'o te 'mpapina 'o tiempo ca raggione.
Chistu' mumento e' l'unico che conta
e si t'ho pierde ormaje e' troppo tarde,
e rieste senza 'ogge e' ne dimane.

§ 89

'O VUTO A SAN.GENNARO

'A Quanne so' nu' Santo me credite
e' tengo sempe appriesse 'a sti devote,
se' scippene, se' vattene e' vvonne piccia'!
Portene cannellotte, e' vvote pure e' ssorde
sempe cu' na speranza che pozze accuntenta'.
Genna' t'arraccumanno miettece 'a mana toja,
ca io po'te facci''o vuto nun te preoccupa'!
Chi cerca nu piacere, n'amante, nu' marito,
e' nummere p''o lotto Santo' fammille asci'!
Me' cercano na cura, felicita' 'o ricchezza
ma chesta e' na' schifezza, lasciateme Santia'!
E' trove sempe annanze, vonne ca' stute 'o ffuoco,
'a lava d''o Vesuvio, 'a cennera 'o chella pesta.
Po' si arriva 'o terramote me trovo tutte cca'.
Ma' io po' dico accussi se' po' Santia'?
Spisse succere pure 'o tifo, jo' fatto addiventa serio,
stanno 'n prucessione da l'alba fino 'a ssera,
sempe 'a se' strazzia', sempe c'hanna prega'.
Mo' e' sciute n'ato voto tra' tutte sti devote
Vonne ca 'o Napule vence, vonne n'ato scudetto.
Ma' io da prottettore diciteme che pozze fa'?
Cammino musce, musce, tanto l'eta' ce sta',
'o guaje so' l'ambulelle s'avessano scassa'?
Cammino c''o bastone, tiranne stu' mantiello,
e nu' cappulone enorme de tiempe 'e Faraone.
Ma' quanne jesce 'o sole 'o sanghe aggi'a squaglia',
beato 'a San. Gennaro ca sape c'adda' fa'!

§ 90

'O VICO E' PAPARELLE

Nasce 'o sole 'e scanza 'o vico,
tutt'attuorno sempe gira,
stritte 'o luongo cinche piane,
cu' feneste 'e barcuncielle,
so'palazze 'e quanne' Turche
conquistajene 'e marine.
'E mo' tennimme sti' colosse
ca me parene mastrille,
astrignute 'ncule. 'ncule,
senza luce 'e manche sole.
L'inventore 'e sti' gajole,
proggettaje sicurezza,
accussi' pe' l'aggressore
nun era facile da spugnare.
'E pircio'st'eredita'
ce rimaste ancora cca'.
Che bellizze so' sti viche,
cu tanti panne d'asciutta'.
Tanti belle persiane,
chine' pennele 'e presotte.
'A gelusia pare appannate,
ma na' bella s'annasconne,
essa guarda, vere tutto
senza maje se' fa' vere'.
Chistu' vico 'e paparelle,
e famose pe' nennelle,
scapigliate so' carelle,
so' 'e Marsiglia 'a nuvita'.
'Ntulettate 'mbellettate,
tuppe tise 'e pettenesse,
manco fossene sberresse.
Che verrizze, che furbezza,
fanne 'e ventaglie palpita'.

Ma' spadella dint''o tuppo
sape sempe c'adda' fa'.
Tra' sti venere d''o Nile,
truvo e' tutto n'a bizoca,
'a verginella, chella prena
na' zetella vuluttuosa,
ca 'so' pronte pe' guarda'.
Pure 'a vedova piacente
vulesse nu marito sull'istante.
Che calore 'o meso Austo,
int''o vico 'e Paparelle,
quanne 'e zite so' zetelle.
Tutte cercano nu' rinfresco,
ca putesse rinfrisca',
nu' gelato', na' nevata,
'o quaccosa 'a fa' gude'!
Quanne arriva 'o meso Austo
Che calore, che bullore,
tutte cercane na passione.
Dint''o vico Paparelle
sti figliole stanne sempe 'a suspira',
Danno sfoco 'a l'aria aperta
pe vere' chi sta'passa',
Nu' rammaro 'a sotto strilla
Quant''a bella 'a persiana,
n'ato dice fresca alice,
ne' vulite nu' baba'.

§ 91

AMMORE

'O vero ammore e' comme na catena,
n'ardore forte comme maje truvato,
nu' sguardo na' 'ntunnuta maje pruvata,
n'attaccamento e 'cose appassiunate.
Na' tenerezza frivula murbosa.
Volle 'o ssango dint''e vene,
cerca nu' piacere, nu' cunforto,
sbarejene l'ucchie nuoste pe' ce' truva'.
'E fermete nu' poco vita mia,
ca''o core me scchiuppate miez'a via.
L'ammore e' sbruvegliere nun se po' maschera',
l'ammore svela sempe chello che realta'.
Ma' quanno lle perduto addio felicita'.

§ 92

'O TRAMONTE

Quanne 'o sole se' ne scenne
Ja' nuttata s'avvicina
na tristezza se' 'ntrafila
quanne staje luntano 'a me.
Vole 'o tiempo che staggione
passe l'ora e' more 'a foglia,
arriva vierno puntualmente,
cale 'o sole e io senza e' te'.
Me' lasciaste te purtate tutto 'e me'
Forse e' ammore, forse 'e odio,
me tradiste ma' pecche'?
Comme e' niente me trattave
ma io t'amavo, a che servuto?
Tanto mo' nun ce' staje cchiu'.
Dint''e bbracce 'e n'ato staje
si felice? Viate 'a te'.
Io 'nvece conto ll'ore
C''o tramonto nasco e' more,
'e che fa' che me ne 'mborta,
manco stesso 'a penza' a te'.
Chillo uno e' 'o traditore
e st'a 'mpiantate 'mpietto 'a me.
Che schifezza che stu' core
Nun se' vo' capacita',
po' m'acchiappa all'intrasatte
mo fa' spisso si sto' triste,
'o fa' friddo int''a lesta'.
'Ntrona 'o cielo, cu' tempesta
sfoca m'allucca e' se' ne va',
ma 'o dulore resta 'o stesso,
se' 'ntalleja e' vo' resta'
ma che faje spercia core
te presiente a' tutte llore?
Biate 'a vuje ca state 'n paraviso
mentr'io me faccio vierno ogni staggione.

§ 93

'O SOLE 'E NAPULE

Che bellu sole stu' sole 'e Napule,
che bellu' sole stu' sole mio.
Pe' tutt''o cielo te cercarria,
quanne te guardo m'abbaglia 'a vista,
po' te perdo pe nu' mumento
e m'appare cchiu' bello ancora,
Io ammiro, sta' luce e' calore ca daje,
tu passe sta' costa addo' mare,
io cielo se specchiano 'a tte',
pe Ischia, Capri, e Surriento
si parte e' nu' guadro ca sadda' vede',
tu curre po' scappe, tu fuje, che furia!
Che cielo, che mare!
Che bellu' sole stu' sole mio,
ca sule 'a Napule se' po' truva',
ca sule 'a Napule se' po' acchiappa'.
'E na Sirena scetata 'a sti suone
Mme pare 'ncantata, e sturduta d'ammore
So' vulesse vasa'.
Ma' chi si'? Che' veniste do' mmare?
Stu' mare turchino de mille culure fuje fatte pe 'te'?
Che bellu' sole stu' sole mio
Ca' tu vuo' pitta' e io voglio acchiappa'!

§ 94

'O SESSO 'A TARDA ETA'

O' sesso e' assaje piacevole
si pure 'a tarda eta', basta ca tiene 'a forza'
tutto se' po' 'nciarma', spicialmente si
ti eccita allora e na' furtuna, e lla'ca tia' fa' sotto
senza farlo scappa'.
Naturalmente basta che ce saje fa'.
'O guaje 'e 'a giografia,
che tene tanta n'zirie,
e si nun si n'esperto fernisce stanco muorte.
ma si 'a vicchieralla 'e n'zista, arzilla passionale,
si pure in fantasia quaccose se' po' fa',
c'o poco e' smemmoratezza? Va' buo' che ce' vuo' fa'?
'O miereco parla chiaro ca nun s'add'abbussa'.
Pircio' nuje ogne tantille pruvamme 'a fa' e' nennille,
sule pe'figura', almeno na vota 'a l'anno
sempe ca 'o tiempo e' buono.
'A Luisella voglio accuntenta'.
Namico mio carissimo ajere me dicette,
Vicie' nun ce' penza'accattete 'a viagra, ca chella fa' vula'
io nun ce facette caso
penzanno ch'era nu scherzo
ma isso sempe insistente Vicie'te lo consiglio,
e' nu bada' a l'eta'.
Quanne arrivaje 'a casa 'a muglierema Rusella
stu' cunto gli svelaje, essa tutta contenta,
allore che fatto l'haie accattata?
A che?
A tiene dint''a sacca?
Che cosa?
A viagra essa arragliava mentre se' scumigliava
ma cherre' te le scurdata?
Si' Nanni, speramme ca va' bona.
Da' essa fuje trascinato
dint''a n'oblio assoluto, e tantu' tiempo fa'.

Fuie pe' pruva' l'ebbrezza e na gioventu' passata.
Ma'tutte apparette strano, quase dimenticato
pero' la steva 'o mordente pronto pe' chillo evento.
io tutto trascurai e 'a viagra m'agghiuttette
muglierame rerene dicette cacasotte, cirche e' nun te fa' sotte.
Allora che facimme Vicie' tu dice che si pronte?
Io tutto addulurato e miezo struppiato,
vulette fa' 'l'indrepido comm'e espento allerta.
Doppe fernuto 'e stanco mugliera contenta
rerenne esse dicette Vicie' si ghiute fforte.
Gue'pero' e' stato bello,
gue' comm e me' piaciute!
'E a te' che te parute? Vicie'parle cchiu' forte.
Si aje raggione pero' saje che te dico,
tengo nu chiove 'mpietto e me fa' mala 'a cape,
pircio'Carme' sienteme bbuone
si io scanzo chistu' fuosso,
tu nun me cuoglie cchiu'.

§ 95

IO QUANNO PENZO A TE

Mari vurria ca tutt''o cielo prufunnasse,
e na tempesta grossa scatenasse,
Mari vurria ca pure 'o mare s'asciuttasse
jo' sole nun ascesse.
Vurria ca tutte cose te muresse,
aunite 'o ciardeniello ca faciste,
vurria tutte cheste 'e ssaje pecche'?
Pe farte tutt''o male ca sempe faje 'a me.
Mari cherre' tu mo nun me rispunne?
Allora saje che te dico, futtetenne e' dimme si'.
Pasca'tu m'accuse 'e me parle d''o male,
mentre invece io t'adoro e' ti amo,
'e pircio' 'a riguardo e denaro
a chi aspiette nun o' vire ca io more?

§ 96

SAN. GENNARO PROTETTORE

San. Gena' famme 'o favore,
io te stimo, io t'adoro,
ma' pero' guardete attuorno,
pecche't'aspetto fiducioso.
Tu' o ssaje ca sto' tutto 'nfuso?
Te' porto sempe e' cannelotte,
dint''e Cchiese 'e sott''e pporte,
famme 'a grazia st'a semmana,
San. Genna' famme appara'!
Joco spisso 'o bancolotto,
ca' speranza e' fa' cappotto,
ma' niente jesce so' tant'anne,
San. Genna' t'arraccumanno,
chillu' terno fammille asci',
ca' po' te porto cere 'e uoglie,
sempe allummato voglio ca staje.
Io 'o saccio staje affarato,
tant''a ggente cerca ggrazie,
chi' vo' chesto, chi vo chello,
cadda' fa' nu' Santariello?
Siente 'a mme tu futtetenne.
San. Genna' pe' chillu' fatto,
io te prego senza fretta,
ma' pero' si s'avverasse,
vuje chiammateme in espresso,
ca io arrivo comme 'o pazzo.

§ 97

'E NOZZE D'ORO

Dimane nuje facimme e' nozze d'oro,
dimane ci'aunimme ca famiglia,
pe' celebra' l'evento e' sta' juornata,
e de tutte l'esperienza ca' ncia' purtate.
Mo' e' a terza vota c''o ncio' festiggiamme,
stu' juorno memorabile ma'custoso,
chino d'ammore, affetto e' rispettoso.
Pe' chesto pare ci simme abituate,
sultanto ca famiglia sempe cchiu' cresce,
e pure l'amice e veco triplicate.
Mo'songo a centenare e chi 'e cunosce?
Tra' facce nove e' chelli gia' sapute,
io faccio 'a stiente pe sape' chi songo,
muglierame pur'essa 'a puverella,
sempe addumanda ma chi e' sta' ggenta?
Pure 'o festino nun e' chiu' 'o stesso,
je sciure pare scarsene e' culore,
quase pare comme sta' festa appartenesse 'a ate.
'A truppe arriva comme fosse niente,
da quale asile so' asciute tutte sti' criature?
Pe' f'ammuine miez'e a tanta ggente?
Forse sarra' c'asto' perdenne e' siense,
muglierame compiacente se' fa' risa,
e addumande spisse 'a me' chi e sta' ggente?
Figliame 'ntrattene a l'invitate
e me presente 'a me' ca song''o sposo,
miereme cu' l'alzaimer sa' fa' risa,
e addomnda a' l'invitate addo' sta' sposa?
Mentr' io m'ha svigno a ognie piglia, piglia.,
Cerco e m'arripusa', a nu' sito frisco,
fore 'o ciardino, 'o resto int''a cucina.
Chesta memoria cchiu' nun serve a niente,
aunita a chella e' mia moglie 'a smemorata.
Assieme nuje putimme fa' na storia, senza finale

cu niente 'a reggistra'.
Ogge nuje festiggiammo 'e nozze d'oro
cu' nu' filmato e tantu' tiempo fa'.
Spisso m'arricordo 'a primma vota,'o juorno ca
nci'a' purtaje 'ncopp''a l'altare, essa tutta vestuta yanca
e prefumata, quanta era bella pareva n'a pupata,
io 'n frack dritto e tuosto parevo Valentino.
Guardavo 'a essa e o' prevote la' comme nu' stunato,
zi prevete prerecava spisse che mmane ajzate,
dicette allora che facite? Ogge ve' spusate?
Pure a siconda vota 'a festa fuje assje bella,
ce' stevano aspettano tanta ggente,
'mbranate tra' e' regale, tanti guagliune jo'votta, votta,
addo' era visibile chillu' vinticinche argiento.
'Nfrusciate stritte e' scuonce sotte 'a nu' mese austo.
'a solita ballata, dolce sciampagna e ate, e tanta e'
chelli foto, e jamme Vicie rerite.
Nu brinnese, n'augurio, e a'solita discussione
d''o Napule jo' pallone.
Chella rocchia e criature, a zumpettia p''a casa.
'A fine de serata, cu l'asciute e' tutte quante, io subbete me
cuccaje stanco e' miezo muorte, ma mugliere ancora arzilla,
essa se sentette forte, e scetata remanette pe' tutta na nuttata.
Ma' 'o tiempo passa e' vole, 'e ogge 'o facimme d'oro
n'ato festeggiamento ca solita venuta e tutte sti pariente,
aunite criature? Forse sarra' n'esercito ca vene 'a ce truva'.
Ma io po' m'addumando, chi e' tutta chesta ggente?
Io nun e' cunosco, dicene ca so' pariente, amice canuscente,
ma comme s'adda'fa' sta' robba chi 'ncio' da'. Forse quacc'uno 'a cuncertato 'a festa?
Sarra' stata mia figlia? Nu' parente chisa',
quacc'uno adda' pava'? Sta' cosa nun e' certa, pircio' messa 'nfurma', pecche' po'
quanne e' doppo' ogniuno torna 'a casa
e io comme nu' fesso aggia' pure pava'.
Finalmente pure stanotte cercamme e ce arrupusa', mia moglie sorridente cu na
suttana pazza m'addumanda Vicie' allora
che facimme festiggiamme l'evento? Vicie' a solita nuttata?
E' accumminciajeme prieste pe' tutta na nuttata, ca solita chiassata, insulte e' male
parole senza sape' pecche',
e d''o sesso ormaje dimenticato, scurdato, disarmato,
nisciuno 'o nummenaje, pecche' non cchiu indicato.

E' accuminciaieme 'a meza notte fino a l'alba,
sempe ca stessa scena, senza sape' pecche'.
Carmela 'ntussecata acerba sbraitava, senza sape' pecche'.
Arragliava comme na' ciuccia pe se' sfuca' cu me.
Ma io da sapiente, nun ce' capevo niente, e stevo lla' guarda'
'A solita chiassata pe ce gude' chell'ore, tanto che ce' rimasto?
Io de strille suje ormaje'nciaggio fatte 'o callo,
essa chella notte scassaje mez''a casa tanto pe' festeggia'l'evento.
'O vicinato corrette cercanne e' ce' calma'.
Ajere fuje n'ata scena, forse verso e' lotte,
essa cu' nu' bastone mmano diceva seriamente,
ca io te rompe 'a capa, pareva arzilla 'a vecchia
e tutta scapigliata, scaveza e' mez''annura
cercava e' m'afferra', io rispunnette strega, yamme
ferniscela, ca io te spacco a capa.
Ma' chi si? Chi te cunosce? Jamme famme vere' si overe tiene 'a forza, ma ossaje ca
tu nun sierve?
Vecchia stregata pazza, ferniscela 'e fa' storie,
e po' chi te cunosce, comme e' ca si trasute?
Ve pare na bella cosa, neanche dint''e case a ggente po' campa'.

§ 98

L'AMMORE

Una vota te vedette
commm 'o fuoco me facette,
na' guardata tu me diste
e' stu' core m'appicciaste.
Fuje sultanto nu' mumento,
nu bagliore d'uocchie doce,
si passata comme jo' viento,
senza di manco chi si'.
Io ardevo pe' stu'sguardo
Cu' nu' core 'a palpita',
tu nun sapive ca cu' st'uocchie
fulminaste proprie 'me.
Io vulesse ca'st'ardore
Se' fermasse nu' mumento
pe'pute' po' riciata',
io nun voglio ca sparisce,
a me basta nu' sicondo,
me rimasta sta' visione
ca nun pozzo cchiu' scurda',
e nemmeno arrupusa',
io te prego si sparisce
cerca sempe e' riturna'
ma tu ossaje ca senza e te'
mo' io nun puzo cchiu' campa'

§ 99

'E MALUOCCHIE

Embe'v''oggiuro!
'Ncoppa bonaname'e papa',
sta ggente nun se 'ntrica 'e fatte lloro,
so' meriuso e mannene 'e ghiastemme,
pircio' io port'' o cuorno dint'' o gile.
sott'' o purtone 'a cianfa d''o cavallo,
"o tridece stampato 'nfronte 'a nme',
'a ggente dice ca so' curius,
c'affunnecheje 'e 'ncienzo a chi me guarda strurte,
ma io a chiste jettature so' prutetto, d'' a mille
ciarmetielle, 'o cuorn 'int'' a vrachetta.
"A casa, "a sera, pare nu festino
'o munaciello sempe allere allera, m'aspetta
areto 'a porta.
E'a zi'mbriana 'a bella, m'' a sonno tutt''e notte,
m'abbofano 'e denare, 'e pure e' caramelle.
Ma'a ggente dint'' o vico essa malegna,
E parle e' me, dincene che' suprestizione,
Forse fiissazzione, sarra' protezzione,
Io m'essa assicura'.
Pecche' chisti samiente, so' ronte a m'attera',
ma io p'' a faccia llora, 'o cuorno gia' ce sta'.
D'amice n' haie voglia ne tengo 'n quantita',
so'tutte scartellate e stanne 'nzieme a mme.
Embe've dico 'a verita, v''o giure!
M'avesseno scanna'!
Quanno songo guardato, me saglie 'o sango
'ncapo, m'acchiappo 'o friddo 'ncuollo
Nun pozzo riciata'.
Dicen'o vi' 'o pazzo, cu''a buattella mmano
te sta 'mpesta' 'o rione, votta 'o 'ncienzo 'a ca e la.
l' âvessano arresta', ma io manco so' fesso,
chesto l' aggio capito, pircio' acmmino armato,
'o cuorno dint'' a sacca é pronte a reaggi!

§ 100

DONN' ASSUNTI

Vuje che site é note é stà canzone,
Vuje ca toccata ò battito dò core,
Nun v'assupite 'ncopp'a stá canzone,
ma restateve cú mé n'ata mez'ora,
ma stá chitarra che malincunia.
Che faciarria?
Chisá?
Pe' farve rimane' pe' tutt'a vita.
Pè l'aria vola musica è canzon,
mentr'io cchiu vé guardo
e' cchiú me n'annamore.
Donn'Assunti?
Pecché Suffrite?
pecche'partite?
Má che penzate?
N'á lacreme v'apare dint'á l'uocchie,
Chisá quale mistero v'addulora.
Doce sò è note e sta' chitarra mia,
Vé lascio stú ricordo mio.
Addio ammore mio.

§ 101

CHE SUONNO

Che suonno, che suonno ca tengo
Pare scetato ma stongo surmenne,
e dormenne me sento scetato.
Io te penso, te chiammo,
ognie notte te cerco addo' stage?
Nun te trovo si sparute pecche'?
Io mo scetato 'o vulesso sape',
pircio' state numm movere niente,
pecche' 'o suonne te po' fa' scumpare'.
Che furtuna Mari' tu sarriste
si stu' suonne te facesse veni'.
e sti belluocchie io putesse vere',
questa face sti' llabra carenale
sta' visiona ca me vo' fa' sceta',
Mari' sottevoce io te vulesse parla',
Che splendore e sta' notte stellata,
se' 'ncatata e m' ha itte vo' resta'.
Che suonno, che suonno ca tengo,
sto' cu essa e nun me voglio sceta'.

§ 102

'E PROFUGHE

Notta Chiara 'e luna chiena,
che paura si m' addormo,
e che faccio sto' scetato?
Dint''o meglio d'' a sunnata,

Sento allarme che sturdisce,
'o chi allucca 'e vo scappa'.
Che pacienaza n' ata vota,
na nuttata sana sana,

nun te lascene durmi.
finalmente me decido,
jesco fore pe' muri.
'O rifuggio? Sotteterra?

La' se more senza bombe,
sule 'a puzze de malate,
te distrugge la pe' lla'.
Chesta querra e' na ruvina,

maledico 'e dittature,
'o chi cerca sempe querre,
ma po' scappene cu''e truone.
Che nuttata, che incursione,

a intervallo t' arrivava,
senza maje fa' riciata',
mille ggente senza tetto,
nu milione miez' accise,

ca nun sape addo' scappa',
senza pane, e scarze d'acqua,
e nu ripare da truva'.
'Nfacia 'e mmure tanti scritte,

ca nisciune legge cchiu'.
Ma sta querra se strascine,
na famiglia, pe' champagne, 'o pe' muri.
N'atu sfratto, n'atu viaggio.

Se' 'nciarmata na carretta,
fore 'e mmure d''e Melito,
chistu' ciuccio gia' stracquato,
nun nci''a fa' cchiu' a cammena',

tene 'ncoppo 'a carrettella
scartapell 'antichita',
'nzipe 'nfunne va carenne,
nun se sape cchiu' che carria'

se 'ntravede da bonanema 'e mamma',
meza rotta 'a cefuniera
che na pena a jetta'
sotta a tutte 'e matarazze,

mieze giallo, caggia' fa'?
E de piazza 'o lietto attone,
fatto nire pe l' eta',
sotte 'ncoppe 'a tavulella

senza segge, caggia fa'?
Nu sofa' miezzo scassato
po' servi pe ci'assetta'.
Don Pascale 'o carrettiere,

tene un'uocchio sulamente
e l'ha mise 'ncuollo 'o ciuccio,
cu n'' a frusta sempe 'o mena
pe vede' si 'ncia' po' fa'.

Chisto arrive 'e commovente,
vide appere na famiglia,
ca trascinene na truppa,
chiu' 'a nonna c''o canillo,

tutto marce musce musce,
pure 'a mamma c" a mappata
ch'e ricordo d" o passato,
pare porte appriesse a dote

da miseria e 'a nobilta'.
Sette figlie piccerille,
chillo gruosso 'o d'allatta',
mo sta mamma se' strascine

comme stessa a pascula',
e vicino sta' 'o marito
ca cerca sempe 'e l' aiuta',
'e tutt' ossa, sicco sicco,

comme ha fatto chistu' ca'?
Ride 'a nonna vicchiarella,
mentre 'o cane sta' tira',
so' felice 'e chiosto arrive,

siente sempe 'e raggiuna'.
Finalmente so' arrivate.
sotte 'a porte a nu' scassone,
'o marito can risotto,

senza sciato vo' sape',
quale 'e 'o posto d'affitta'?
'O patrone senza scrupele,
le fa' segno addo' a da' j',

vuje sagliete fine 'e 'ncoppo
la truvate nu suppigno,
nu 'a tene 'a mascatura
tanto 'a porta nun ce sta'!

§ 103

È VOCE DE PANNE

Quanne 'o cielo sé scatena,
n' alluvione spisse vene,
care á pioggia á catenella,
e t'allaga vico é vinelle.
Tanne siente tanti vvoce,
songo é strille de cummare.
Tire e panne Macula,
Stá chiuvenne Carmené.
Chi s' affanna, chi sé tira,
tutt'assieme n'á ventata,
mille stracce, tanti pezze,
nu currede é Zi Vicenza.
Sbatte á grandine pe llastre,
more a pianta sottá botta.
Desolato pare ò vico,
senza cchiú chelli bandiere.
Nú lunzule resta appiso,
nun é stato prelevato,
pare pisce l'acquazzone,
'ncoppe llá do quinto piano.
Tutte chiuse é barcuncielle,
giá nzerrate é fenestelle,
addo stanne é pupe belle,
Sti sciantose, sti madresse
Tutte tuppe é pettenesse.

§ 104

'E SPUSE

Mo' fa' n'anno so' spusato,
e Rusina essa fa 'e nomme
na' guaglione bella assaje,
pe trammente ciarranciamme
dint'' a case cu mamma'.

Essa 'e socrame capite!
Ma 'e nu guaje a suppurta'!
So' felice so' cuntento
cu Rusina e cu' mamma'.

E' maestrina elementare,
ma e' a sola a fatica'
Io nu posto nun 'o trovo,
e nun pozzo raggiuna'.

jette a scola 'e raggiuniere,
'o diploma ca pigliaje,
'sta jettato 'int'' o cummo'
mo sto' a spasso da tant' anne

na fatica chi t'' a da'?
E m'arrange a fa' favore,
o so' machine 'a spusta',
fino a mo' nun tengo figlie,

asino' steveme frische
miez'e a chistu' chiare 'e luna,
chi puteva maje arriva'.
'O stipendio chillo e' uno

e tutto cose jesce 'a lla'
nuje pavamme tutte;e spese,
ma 'a casa e' de mamma'.
Mo e' anziana, struppiata,

cu nu poche' e penzione
tutte cose essa s'astipe,
corre a banca p'astipa',
se preoccupe ch' e vecchia

ogne tanto sempe dice
nun putimme maie sape'.
Accussi nuje ciarranciamme
dint'a casa cu' mamma'.

Io so' l'ommo faccio tutto,
menu male che sto' a spasso
a sino' comme faceve,
da matina fine 'a sera
cocchecosa s'adda' fa'.
Gue' Vecie't' arraccumanne
lla' s" e rutto 'o rubinetto
e' a luce nun funziona,

vire 'o gas essa scappa'?
Dopp o pranzo so' piatte,
cu"e furchette d'asciutta'
quanne pienze tutt"e fatto

ce sta pure 'a pulezza',
io sto stanco miezo muorto,
nu ripose essa truva',
ma na voce d" a luntano,

sento 'o nomme mio'e chiamma'
chella 'e socrema Cuncetta
cu na voce 'a stritola'.
Vecenzi va' scinne 'a basce,

st"a ricette int" o cummo',
pigliammella 'a mericina,
che'dulore Vecenzi!
E dincelle 'o farmacista

si nu sconto te po' fa',
po' te firme 'o bancolotte,
nove sirece e trent' otto
tutte 'e rrote, Vecenzi,

si po' resta quaccheccosa
fa'na corsa addo' dulciere,
pigliammela 'a stugliatella
ma si e' cavera Vecie'!
Io po' penzo 'o matrimonie,
'e Rusina 'a maestrina
Nu lavoro ca nun tengo,
dint" a casa de mamma',

e me sento ;e scemuni,
ma po' penzo, nu fa' miente,
'a guagliona e' bella assaje
si e' nu' posto po' arriva',

so' felice, forse schiavo,
io mugliereme e mamma'.
E vvo' di che mme rassegne
oramaje che pozze fa'?
e accummence a pulezza'.

§ 105

È CRIATURE

Qunne penso è criature,
Che martirio mé fa ó core,
Dint" e vasce tutt" e scuro,
Senza l'aria, ne furtuna.
For ó sole spacca è prete,
Mentre a d'into stá chi soffre,
senza luce, ne n"a tregua,
scorre ó tiempo, corre á vita.

Mentre Roma sè fessej
Trà chachedice e' merlette,
Tutt'e bello, tutt'e grande.
Nun ce tiempo pe' creature.
Stá chi parla di rinnovo,
Di modifica fondiaria,
Qualche ajuto monetario,
O de 'mbruglie quoditiane

Stá chi profana n" a dottrina
J' áccummencia dá matina
Scarpesanne a nomme e Dio,
Che curaggio, che malvagge.
Pataté! Fatte curagge,
Da sti vile, sti selvagge,
Fa c'á sciorta sé cagnasse,
Fa c' á Napule surgesse.

SpaccaNapule rituorne
Fatte n'ato giro attuorno,
Nun lasciarce dint'e vasce,
Che criature stanne 'nfasce.

Gué Matilde che faciste
Te' fermaste 'ncopp"a scesa
Ce lasciaste?
Gue Serrao, ma chere?
Mo nun parle?
Nun esiste?
Chella á storia parla chiara,
SpaccaNapule sbuccaje.

Jamme
Risanamme n'ata vota?
Pazziamme a vienetenne?
Comme ó sorice ja' jattella
Cu' stá vranga e farenelle,
Mancava ó cisto a int"a cassella
Si só buone?
Sule buone a fá strunzelle.

So comme é sovere prenelle.
Fore sonene é campane,
c'aria fresca é primavera,
che delizia che stú sole,
scarfa é mure piccerelle.
Mentre abbasce e criaturelle,
songhe é stesse, jettatelle.
More ó suone é n"a canzona,
é n'ata nasce a tutte llore.

§ 106

È PAPUNCIELLE 1938

N"a divisa daltri tempi,
e' nu' cappiello 'a cinche fasce,
Don Felippo 'o capo 'n testa
da' capostazione era perfetto!
Giacca rossa, 'e bacchettella,
cumannava 'e trene 'n corsa,
'o 'a fermate obblicatorie.
Chi saglieva, chi scenneva,
'a tre' carrozze 'e Papuncielle,
sempe chine fino 'e 'nfunne.
'E scugnizze sempe apisse e' fenestielle,
tanta ggente ma che folla,
ma' addo 'jeva sta' marmaglia?
Steva 'a prena, 'a cuntignosa,
'a cafone c" o panaro,
L'accatone, 'o zappatore
l'imbiegato c" o Duttore.
Sempe areto 'o mariuolo,
ca' parate de 'mbrugliune.
Che facchine sempe appise.
Miezo 'a tantu' votta, votta
la nasceva 'a mana morta.
Arrivato 'a stazione,
doppe lampe 'e fuoco elettrico,
arraggiate tutt" e binarie.
Tra' pernacchie 'e trumpettelle,
se' fermava'o papunciello.
All' aperto era 'a latrina
'nfacci'o mure senza vetrina,
allerte, comme I'animale,
era un degrato proggettato
Ma da chi?, Non se' maie capito.
Dal Comune? Dai Fascisti?
Da n'architetto squilibrato?

Comme pure, sti trenine
Scorreggiavano po' ponte Casanova
'a tre mentre di distanza,
addo' a ggente steve 'e case.
Che delizia chilli suone,
tra' trumpette, fischie, truone,
maje mancavene 'e scavezune.
'È carrozze spisse 'a tre,
Che binarie sott'e case,
nun te putive manco affaccia.
e' nemmene cammena'.
Tra' Preture, 'e Capuano,
se' girava tuorno, tuorno.
Senza semaofre é ne sbarrella,
ne' murevene é pasturielle.
Ognie sosta n" a sguillata
Facenne 'a gare che fasciste
Trumpettanno viva il Duce
sempe 'a suone 'e trumpetella,
seventolava 'a banderall,
Pe' da' via 'a chi era prenella.
Che' piacere si viaggiave
Nu trapazzo te pigliave,
tra' spaselle 'e gallenelle
nun mancava 'a pacchianella.
Sempe appisse 'a ggente steva,
maje assettate ma' nfrusata
tanto era á folla che viaggiava.

§ 107

'E SPIRETE

'A che me' so' spusate me' credite?
E' tengo sempe annanze 'a sti religue,
me fujene regulate 'o spusalizio,
'e mo' me so' rimaste 'ncopp''o stipo.
Mia suocere cuntenta d''o regalo
mi dice sempe chesta 'e mamma mia,
muglierema purissa le da' mano,
'e cuntenta dice Pasca' chisto 'e papa'!
So' quatto sti ritratte mustruose,
Cchiu'duej zie vecchie 'e n'ata antichita'!
So' facce antiche accise de fatica,
'e fotografate parene 'nbalzamate.
"A me m'havesse piaciute nu' paesaggio,
n''a varca 'a mmare cocche fico sicco,
nu' mazzo e' sciure, 'nzomma no' sti' muorte!
Pero' ce' sta' n''a cosa strana int''a sta' casa,
io trove sempe denare 'a tutte parte,
ajere che meraviglia me' pigliaje
truvaje pure n''a cascettella de giujelle,
tanti cullane annielle 'e braccialette,
'e de brillante quase n''a carretta.
Io penso ca dint''a sta' casa
stanno 'e spirete,
Pecche' nun se' po' spiega' sta' nuvita'!
Ayere me cunfidaje cu' mia suocera
'e subbete essa mi dicette, overo?
Po' subbito dicette,
Rusi fammo 'o favore,
chilli auadre 'a faccio mure
ogge puortammille 'a casa.

'E io tutta cuntenta, 'ce riturnaje 'e guadre,
Po' ascett 'e m'accataje 'o panorama.
Mo' mia suocera sempe dice
Rusi'?
Che bello panorama.
Rusi' sti' spirete 'e famiglia m'hannu' ditte
ca so' felice meglio a casa mia,
e nun se' vonne cchiu spusta'!

§ 108

'E TASSE

Quanne penzo a chesti tasse,
io me sento d'asci' pazzo,
nun reposo, so' ecitato,
nun riesco a me calma',
'o duttore gi'a m'ha itte
Vicenzi' v' aita' cura'!

Io penzo e' sorde 'a banca
Chillu' misero stiendio,
'a mia moglie cu' tre' figlie,
'e n''a suocera maligna
chessa fa' nu' Comunale?
Pure'o Parroco Camillo

se' preoccupa p' have 'a mille,
dice sempe sia lodato
tu figliolo che hai donato,
n''a preghiera co' Pater nostro
'e n'ata mille int''a cascetta.
Voi poi dirette c'aggio tuorto,

forse 'e meglio 'a nun penzarce,
ma 'o Guverno nun 'e fesso
chille aggranfa 'e se' ne' va'.
Ma io po' dico chesta 'e vita
accussi se' po' campa'?
Cu tre' figlie 'e n''a mugliera
'e n'' a suocere 'a spara'!

§ 109

'E MUORTE 'E FAMME

Mannagge 'a vita mia, mannagge 'a morte,
ca' Dio 'o sape e'a Madonne 'o vede,
cu' stu' stipendio pirchio vi che miseria!
Nun puo' accatta', nemmena n' 'a menesta!

'A ggente dice e 'a guerra, 'o caro vita, 'a famma,
mo' tutte razzionato, nisciune magna cchiu'!
la' truove tutto cose, ce sule da' pava'!

Ve' pare 'a vuje giustizia, pe' chi se' more 'e fame,
'e pe' nu' penzionato, allora ch' essa fa'?
Tiramme sempe 'a cinta,
mo' so' arrivate 'a l' ossa, vuje che me' cunzigliate 'e fa'?

Proteste e' 'o guverno, m'appicceche c' 'a ggente,
niente. Nisciune sente, fuje 'a bomba 'a l'unzurdi,
aiutatave da vuie, vuje che vulite a nuje.
Sona l'allarme forte, fatte n'ata currute
salvammece de bombe, 'a panza po' aspetta'!

§ 110

CANZONE

E'VUJE DURMITE ANCORA?

'O Sole e' gia' spuntato 'ncopp''o mare
e sta' chi sonne suonne e' fantasia,
chisa' 'a chi sonne, a chi 'ncia' date 'o core
o sta' sunnanne a chillu manto e' spos
mentr'io vaco sbarianne pe' sta' via
senz pute' ferma' sta' freva mia.
'E vuie durmite ancora bella mia
ma che durmit a fa'?
Che fantasia,
Mentr'io sbareo e' sero pe' stu' vico
addo'a' passione m'accire pe' sta' via.

Tene l'uocchie turchine, jo mare 'nfaccia
curalle e' llabbre, e chiona anella, anella,
che freva, che passion, pe' sta' via
addo' stu' core mio va' spierzo a n'anno
chella che dorme chiu' nun penze a me,
ma penza a chi sta'luntano scrive a n'anno.

'E sciure cchiu' nun sbocciane chist' anno
sarra' p'' a pecundria e chesta via,
s'arape na fenestra addo' Maria
nun s' arricorde e me, e' guarda 'o vico.
nun s' arricorde cchiu' d''o primo ammore,
nun sape e chi va' pazze miez''a via.

Mentr'io me' faccio a notte 'ncupagnia
giranno tra' nu' puoste e'na' carretta,
m'astregno a chisto amico int''a giacchetta,
na voce dice scurdatella a chella
nun e' pe' te', chella vo bene a n'ato.
N'ombra 'o segue e nun le da arricietto,
Starra' 'mbriaco o soffre e fantasia.

§ 111

'E STELLETELLE

Via, via p"a Carbunara
me ne' scengo 'a Capuano,
sott"e feste, miez'a folla
truve sempe 'a nu' buttaro.
N"a carretta china 'nfunne,
tene tutte pe' n"a Guerra,
bottamure, tricchitracche,
'e crisommele, 'e murtale.
Io m'accatte 'e stelletelle,
so' sfezzionse, so' carelle,
vanno bone pe' nennelle,
quanne l'appiccia
po' 'a mantiene c'a manella,
E' Bengale fanno fume,
pure e' botte so' dannose,
'a me piace 'a stelletella,
pecche' sparagno e' pare bella.

§ 112

'E LUPINE

Doppe 'a scola 'o lupenaro,
che cuppette appreparate,
mez"a lira 'a mesurella,
te venneva 'o spassatiempo.
Gialle 'nfuse 'e amarielle,
d"o sapore 'e sapunella,
sciuliavene sott"e detelle.
'E guagliune comme prenielle,
sempe 'a fa' 'e farenelle,
se' spartevano tra' lloro,
'o fac evano 'a uainella.
D"a 'o mercato 'a ferrovia,
via, via, che cuppetielle,
sapurite, amarielle,
ma di sicure sciuliatielle.
chine 'e peppe, me lia' da'!
voglio fa' n"a 'mpupatella,
cu' stu' vino che nuviello.

§ 113

'E SCATULETTE

Sta' chi accatta robba fresca
'e chi s'arrangia 'a scatulette,
una cosa pero' e' certa,
tu sparagne e' nun ce' fretta.
Te l'astipe, tu a riscalda,
e' gia' fatta, 'e si' pronoto pe' magna'.
N''a buatta 'e pummarola?
con sardine 'o casserole?
Carne, pesce, tonne 'e stucco,
tutte trove int''e buatte.
Io beneriche 'e buattelle,
spicialmente vicchiarelle,
quanne s'abboffene,
'o te caccene 'e panzelle,
T'hanno 'e 'o tiempo de prenelle.

§ 114

'O MARE

'O mare che' meraviglia,
'o mare 'e universale,
'e grande 'e collossale,
'e n''a zuppiere 'e sale.
'O mare 'e tanto bello,
calmo, aggitato, brillo.
De notte, matina o sera
pare na primavera.
E' vote e' capricciuse,
se' 'nfuria 'a vo' vinciuta,
ma po' se' calma 'o stesso,
'e t'appare nu' criature.
'E spettaculare,
vasannese a tramonte,
s'appicce 'e fuoco 'e oro
So' siluette 'e vele
e'vanno annanze e' arête.
'A luna essa aspetta
dice ca nun ce' fretta,
'a flotta 'e n'ammurate
s'accocchiene p''a notte.
Ma' 'o mare che sapiente
fa' finte sempe 'e niente.

§ 115

'A LUNTANANZA

P'America partette a fa' furtuna,
tutto lassaje 'e pure 'a mamma mia,
tanti pariente, n'ammore amice, 'e canuscente,
'a terra addo' nascette, 'a casa mia.
Ò tiempo passé 'e tutto s'appassisce,
de sacrificie miej mo' nun se' sentene cchiu' messe,
ma' 'o tiempo passé jo' ricordo resta,
jo' core nun riesce 'a farse viecchio.
Pare ca veco ancora 'a vicchiarella,
me sonne spisso 'a face 'e mamma mia,
e' tanno 'e che m'afferra 'a nustaglia.
e' tanno che m'acchiappe 'a pucundria.
N'a faccia 'e cera pallida morente,
duje uocchie chine 'e lacreme durmente.
Ancora m'arricordo ò sciallo niro,
n'obra gigante pallida n"a Maronna.
che spine 'mbiette e cu' nu' core mmano.
'A che serviette?
Quante ce costa chesta 'nfamita'!

§ 116

À RITITATA

Nuttata é canto é pranzo 'nfiuchettato.
tutte affiatate é mieze strupiate,
senza pensiere, senza precoccupazione,
che figli giá spusate, omaje só nonne,
trá llore maje nun manca nú bisnonno.
Quase ogne mese festeggiana n'asciute
s'incontrano vanno á nú ristorante
chiammato Goccia D'oro.
Sé vasene s'abbraccene,
mentre c'arrive n'ato.
A solita bruschetta,
c"o vino di Sansone,
ò te né sciglie n'ato.
Mentre ca fanno é suone,
t'arrive l'antipasto,
cu ammere é fmttelle,
nun manca á cuzzechella
vicina 'a mozzarella.
Te' portene á nzalata
Cu' tanta premura mmano.
cchiú ttarde 'e maccarune,
sultanate duje, duej.
Arriva 'o cameriere
cò salviette mmano,
allora comandate,
che cosa vi mangiate?
Vacca caprette é agnello,
gallina alla francese,
jo' pesce fatto al forno.
À musica sturdisce,
Ja' balla miez"a mischia,
Maria cu' n"a canzona
canta palomma e notte,

cchiú tarde quapparia,
mentre c"a ggente va' via.
Tarrivene ò cameriere
che dolce é n'espressino
cú l'annese cchiu' vicino,
Mo tutte so' contente,
felice é sbafarate,
manca sultanto o 'o lietto
pe tutte sti malate.
Canzona antica ma pure vuje ca site?
Quanta malincunia ca me facite
Pò sé fà ll'ora e l'adunata
su tutti in fila mormora l'addetto
sia Benedetto.
È Biase ca mò strilla la trompetta,
e sveglia con dispiacere i cosidetti,
è llora del ritiro vé lò detto!
Isso sona á trumpetta pé scetá e vecchietti.
Doppe ò pranzo ballene é coppiette
Pò arrivano 'e malanne a uno a uno.
Chi tene á tosse chillu male é capa
Nata Viagra.
Disturbo é stommaco, l'acido.
Addio campata, facimme n'ata nuttata?
Squilla á trumpetta quase te sturdice
e Blasé ca se' scuse á tutte quante,
attiente á sti malanne,
cá correne currente.
Isso dispenza sempe pinnole 'e bevande,
N'atú purgante.
Scusate dice ancora á tutte quante,
andate á letto da bravi consumanti,
che dei brevette siete gia' dormenti.
Andate al nursing home che v'aspetta,
lasciate andare ormaj quell vizietto,
andate tutti insieme col tramonte,
gia predetto in cima al colle,
bravi tutti I vecchietti.

§ 117

'A SMORFIA

'A smorfia, ma' che vo' significa'?
nun 'e bella ne' aggarbata,
ma' allora che vo' di'?
'E na' cosa scuncertante,
pierde sempe, maje nun vince,
'e statistica studiata.
'O guvenno n'appurfftta,
ce'guadagne, s'arricchisce,
'ncopp''e fesse ca so' illuse
ma' 'e cumpatisce, 'e lasce fa'!
Sta' chi dice 'e furtunato,
chi' se' sonna 'e milliarde,
nu' villino, ore giojelle.
'a speranza te fa' bene
spicalmente p''e pezziente.
Tutt''e juorne joco ''o lotto,
Tutt'e juorne c'' a speranza,
mo' nu' suonno, mo' n'applcceche
faccio 'a smorfia arruvuta'.
Corro 'o lotto, facci'o pazzo,
so' felice tutte 'nfatto,
c''a speranza, n'ata vota,
'e nu'temo 'o n''a quadema
so' sicure 'e cumbina'l
Tutte rote aggio jucato,
San. Genna' fallo pe' mme'!
C'a Dio 'o ssape, ca' nun ce'
cielo da vede'!

§ 118

A' LAMPARA

Sponta 'a luna miez"o mare
'e nu' balletto se' vo fa',
pure 'e pisce c"a lampara
stanne tutte 'a s'argenta'.
'Ncoppe' 'e vuzze'
e marenare fanno 'a gare p'arreta'
tanti specie e perpetielle
so d"o mercato e cchiu' carille.
Sponta l'alba e schiare yuorno
che spaselle chiene e' pronte,
n'ato fritto, c'abbundanza
sta' parata porte annanze,
Che ricchezza, vi c'addore
Sent"o mare mmocc'a mme'.
So lucent, so' diamante,
sotte 'a luna 'e n'a lampara.
Che nuttata 'e sentimente
Tutto e' calmo miezo 'o mare,
Tornene 'e vuzze int"a nuttata,
cu stu' miracule 'a guarda'.

§ 119

'A TAVULOZZA MIA

Senza mudello, 'e senza nemma mia,
ca' m'ha lassato 'a n'anno pare ajere,
quant'era bella e' mme era na' fata,
'e mo' comm''a cumbino cu sta' tela.

Vulesse fa' 'o rittratto 'e nenna mia,
cu' chillo sguardo, 'e quanno s'arraggiava,
'o quanne'e ddoce mme' carrecav'e' vase,
uocchie persiane, uocchie 'a mandaurliate.

Faciteme pitta', ca' tengo na' vision,
ribelle so' e' capille, nire comm''o gravone
na' purcellana ja' faccia, e' rosa te' so' 'e llabbra
quase fosse cerasa.

Se' 'nbbrogliene e' culure, pare ca' st'appusa',
'o quadre e' riuscito, ma essa nun ce' sta',
ma c'e rimasto 'o sguardo ja' stessa espressione
'e quanne mme diceva Pitto' fatte vasa'.

§ 120

'A CANTENERA

Bella é tonna à cantenera,
n'ata vota pare allera,
spila à votta e veva, veva,
nun cé moda p"a frenà!

'Mbuttigliato, cannuliato,
tu t'accatte à musurella,
e té faje à veppetella.
Vir'o quarto, pruove ó litro,

ce stà pure ó buttiglione,
damigiana, quartarulo,
puo' accatta' na"a votta sana,
fino à quanne te 'mbriache

e si pronto à ritirata.
Stà chi dice ó vino é ddoce,
chi d'àsprina sé ne 'ntenne,
ma l'asciutto e dint"a votta,

'e n"a cosa d'à prua.
Beneritto à cantenera,
Ji che teneva dint'à votta,
ma chisà si sé ne fotte?

Tutt'e juorne spile é votte,
tutt'é juorne à stessa storia,
té fà prereca, pó l'arracqua,
'e accummencia à cummircia!

Pó t'invita cà resella,
si vuó vino trase ccà!

§ 121

À FATTURA

D'int''a grotto ò Chiatamone,
stá n'á strega fattucchiara,
'e scugnata senza riente,
cu duje uocchie fatte a palle,
arrassumiglie ò pappavallo.
N''a spaccate songo e llabra,
chella lengua sempe a for a,
nun e lacerta, ne serpente,
ma' e a strega piu potente.
Tutt'a near affianc'o ffuoco,
si nun parle murmulea;
sventre o c'accire quacche cosa,
o ca' mesca nu' veleno.
Miez''o funne e 'o tianone,
arde 'o ffuoco, puzze chelle che muorte;
cose 'nfizze appile, nciuce spille.
Tutte tene. Tutte astipe.
Rittrattiello, pazzielle, furbicelle,
sampe taglie, spisse azzecca,
sta' coccosa a fammali!
Ognie notte dint''o scuro,
dorm 'a vecchia fattucchiara,
pé cumpagne e' scurpiune,
e' nu micione niro, niro
che fa' nomme Riavuliello.
Essa cu' duje ucchie da' Mandrake.
mesca 'o sanghe de' l'accise.
Sempe e' lato nú mastrillo,
chiu' nu' sorice e nu' grillo.
Comme scchiocca 'a meza notte,
t'hanno accummencia á litania,
chiamme 'e muorte, e diavulille,
tutt'a chille cchiu carille.

Quant'e brutta, sta' stregona,
frije o volle capuzzelle,
so' scujattele, micelle, aucielle, 'o pecurelle.
À civettal for'a grotto,
da l'annunzio e' chi gia' e muorte
ma essa ò sape, nun se ne cura,
'e ritorna á 'mpupacchia
Tutt''e juorne dint''a grotto
'o Chiatamone.
Na fattura se po' fa'!

§ 122

PENNA

Io mme chiamme Luigino,
stonco e' case a sanita'
facci'o ammore mo' fa' n'anno
cu' Mariucce Santita'.

Jette a' scola n" a semmana
sulamente pe' prua',
e' ne fuje da lla' cacciate,
p'ammunie jo' piccecca.'

Po' quartiere gia' mme ssanno
ca nun sonca nu' scrivano.
so' 'nghiurante, analfabeta,
e' 'ncacaglie pe' parla'

tanti vote sotte voce,
sente dicere, Luigino 'o letterato
e s'avotene a' guarda'
Io nun saccio che significa,

sarra' fore n'onoranza,
nu' rispetto,
o' coccose a fa' 'nquarta'.
'E pe' chesto, nun mme 'ntrico
gire 'e spalle e' lasce sta'.

Ma pero' mme piacesse
si putesse fa' na' lettera,
'ncia' mannasse a' Mariucce
ch'e n"u sciore e Santita'.

Una vota io ce pruvaje,
senza aiuto da nisciuno,
pigliaje carte penne e' 'nchioste,
e' fuje comme"o zumpettia',

mamma mia, cumme so' brute
tutti chisti rangetielle,
uno grouse, l'ate curto
maje in file udnno sta'

e' pe' ghionta pure a' macchia
e' l'inchiostro ce' vuleva,
chesta lettera fa schifo e' che facce?
Lasce sta'?

Forse e' meglio nun 'ncia' manne.
Ma' Mariucce mme vo' bene,
so' sicure 'e chest"u caa'
chille o' guaje so' e' scarrafune

c'aggi'o fatte 'ncapp'a cca'.
Essa manco sape leggere
comme e' mme nun sape scrivere,
e' pircio' nuje ce' capimme

si na' lettera mannamme.
Chest"a scritta dice tutto
se capisce la' e' lla'
pare n' arte de Picasso

bella assaje d'a 'ncurnicia'.
mo' fa' n'anno ca spusajeme
'e nun scrivo niente cchiu'
ma o' ricordo mme rimasto,

'e quann'ero n" u scrivano,
e muglierema mme sfotte,
mantre guarde e' rancetielle
e mme dumande, che screviste
Luigi se' po' sape'?

§ 123

APRILE

Cust'aria é primmavera,
e chiove Madonna comme chiove,
Aprile amaro t'aggio perzo ammore,
rituorne n'ata vota damme ammore.
Tu chiagnive é parlave de n'ato
e io cú tico palpitavo c'ò core,
ma che 'nfame si stata st'annata.
E' Aprile, c'asciute de viole,
quant"a stristezza me fa' stu' core 'npietto
chiú nun resiste, chiu nun s'arrecietta.
Passe 'o tiempo e' conta l'ore,
vola 'a vita 'ncatatore,
quanne Aprile arrive ognie anne
nun m'ha scordo ormaje so' anne.

§ 124

'A MUNACHINA

Schiare juorn e Peppe dorme,
Sta' sunnanne n'espressiono,
Chillo e' 'o vizio da' matina,
p'affrunta' tant'ammuine.
Assunnute isso s'ajza,
'e accummencia c''a marmetta
sulo, sule int''a cucina
'E na guerra che ruvina.

'E appicciamme e' graunelle,
Poca e' l'acqua int''o sicchiello
'ncopp''o fuoco l'acqua volle
'e ce cale 'o café' caro.
Nu' vint'acene cuntate.
macenate gia' da jere,
'i c'aroma che te' saglie,
'o café' fa'scumme e' saglie,

Mo' se' fatte, e' adda' pusa',
Ma tazzina vuota sta'!
N'a mussella, nu' sbadiglio
Mo' don Peppe adda' aspetta',
Tutte assieme na' sirena
Strille e' allucca comme e' che',
ehe faccio me rifuggio?
Conttraerie bombe e' scoppie,

c''o ricovere a truva'!
e che faccio lasce tutto?
Proprie mo' vi che disdetta.
Ma' po' poenze 'a l'espressino
ca m'aspetta int''a cucina
e che faccio 'o lasce lla"?
Nun resisto rischio 'a morta

Sfido 'e Guerra, che me ne 'mborta,
'e ccummencia 'a sursiggia',
ma' accussi' se' po' campa'?
Ma dicite a' verita'?

§ 125

'A PUTECA DE PASTURE

Si ve servene pasture,
vuje e' truvate 'a San.Biage,
si roprie ll'a dint"e l' ibbrare.
Tutte l'anno ognie staggione,
'a tutt'ore pure e' notte
basta ca bussate 'a porte.
Sta' chi 'mpasta, chi Modella,
manea 'a creta 'o so' gessette,
tante artiste truove lla'.
Pe' la storia so' famose,
d"o preseio 'e cchiu' capace,
mo ne parla tutt"o munno
de pasture ca sta' Napule te fa'!
Chi vestute, chi pittate,
modellate accussi fine,
che facelle natural,
viecchie, giuvene, Santune,
quase ca vonne parla'!
Tutti 'n fila la' apparate,
comme fossene all'adunata,
ne' trovate 'e San. Giuseppe,
n"a carretta de Maria,
Mille culle 'e bambenielle,
truove 'o ciuccio, chillu' boja,
sta' chi sforna 'o pucuraro,
'a lavannara,
chiu; tant'ati d"o mercato.
Puo' truva' truva tante angiulille,
nu' scenario, nu' cardillo,
'o nu' sicchio c"o catillo.
Vengo spisso int"a stu' vico,
spicialmente sott'e feste,
t'anno si c"o vico 'e 'n festa,
cu Natale arête 'a porta.

E' pasture Napulitane,
nun stanne sule 'a San Biage,
ma 'e truvave attuorne a vuje,
Basta sule ca' vautate.

§ 126

'A MUNNEZZA

Dice buone 'o ditto antico
vide Napule e' po' muore,
p''a veduta e' 'o panorama,
e' n''a Napule 'ncantata.
Ma' ogge e' tiempe so' cagnate
nun se' more cchiu' p''o sito,
ma semmaje pe' sta' munnezza,
ca' 'mbranata a me e' a essa Neapolis,
senza modo p''a smalta'.
Forse nu' ce' vulesso miraculo sacreo?
Ma almeno uno profane?
Dumannamme 'a San. Gennaro?
Ma' che faje nun me' rispunne?
'O panorama e' bello assaje
quase Greco addirittura?
Chesta costa de' curalle,
tene e' assicurate Siren.
Mo' tenimme 'a uzze e' pesce
c''a munnezza accantunata,
'e che zocchele arraggiate.
disgustato ogge 'o turist
'ncia' mannate gi'a fa' 'nculo,
e sta' Metropole se' ne' fotte,
st'arrassa chesta' citta'!
Manco 'a pizza vonne cchiu',
cu' n'inquine che te' fotte.
Vanno al nord se' capito.
Ma' il colpeveole chie e'?
Ma' vuje verite che se' passa,
cu' sta' vranca e' cammurriste,
delinquent mastacriste.
So' de l'Inferno sti' Maciste
Ogge Napule e' N'inferno

P''a paure d''o culera,
mieza tanta munuzzamma
nun se' fa' cchiu; paste e' fasule.
'O cummercio da Campania,
Ogge a' zero pe' l'importo,
ma speriamo che migliora
pe' sta' Napule ca io adoro.

§ 127

A' LUNTANANZA

P'America partette a' fa' furtuna,
tutto lassaje, 'e pure a' mamma mia,
tanti pariente, amice 'e canuscenti,
'a terra addo' nascette, ja' casa mia.

O' tiempo passa, ma o' ricorde resta,
de sacrifice nun se' spera reghia,
resta sula a' speranza, resta sula a' promess,
ca' uno 'e chiste juorne, io parte e' vaco lla.'

Mme sonne sempe 'a face e' mamma mia,
ca cocche ghiuorn forse murara',
na' vicchiarella sola e' triste,
ca chiamme e' figlie suje pe' fa' veni',

na' capa janca, stanca 'e palliduccia,
'nfacce 'a nu' santo, penso sta' prega',
arravugliato a' chillo scialle niro,
s' addubecheia oppure st'assunna'.

Ogge io parte, ogge si vaco a' casa,
Iascio 'o lavoro ammore tutte cose,
ritorno 'a terra mia ja' du' mamma',
lasce mugliere figli, obbligazioni,

pe' riturna'in America, 'a fatica'.
A' vicchiarella chiamme 'e figlie suje,
d''a Napole m' arrive 'a cartulina,
Sona o' telefon, pronto chi parla?

So' Mariuccia,
mentre ca sent''e chiagniere
senza ute' parla',
nu' ffriddo e' gelo,

nu' presentiment, 'e trope tarde,
povera mama',
chere'? Mari' pecche'? stu' chianto?
E' morta stammatina
Povera mamma' mia.

§ 128

'A TAZZULELI A 'E CAFFE'

Caddore ca' se' sente
pe' ll'aria 'e tutt'' attuorno,
pare sta' mmocca' mme'
Forse sarra' n'espresso,
nu' cappuccino 'a moca.
Cherre' chist''o rummore?
Pecche' tantu' vapore?
Sarra' n'' a machinetta,
che' pronta 'a fa' 'o café'!
Forse sarra' Concetta!
C'a 'nciarme int''a cucina,
non crero fa' 'e surbetta!
M'allore aggio raggione
chist'' e sarra' n'esresso?
Cunce'! Nu' surze sulamente
n'' a goccia dint'' a tazza
Cunce' Puoretele cca'.
L' aroma e' troppa fforte
Io nun mme reggo cchiu',
faciteme 'o favore,
nu' surze 'e niente cchiu'.

§ 129

AMMORE

Ammore e' comme na malia,
quanne te tocche rieste fulminato,
t' afferra na' passion chiano, chiano,
ca se' trasforma d'anzie e male e' core.
L' ammore mio e' ricco e' fantasia,
de notte brille, e de journo s' accalore.
Spisso soffre, e triste, e' inquisitore,
po' tutto assieme torna 'a fa' l'ammore
'O vero ammore sfide tutt" e guaie,
pe' riturna' nascente addo' era nato,
e la e addo' se vo' resta pe' tutt"a vita.

§ 130

'A SCAMPAGNATA

Ca' machine e Tonino 'o bellillo
Anno 1940

Schiare juorne p '' a Duchesca
e spalanchene e' feneste,
c' aria fresca stammatina,
gia' se' sente n'ammuine.
Trase Maggio c''o calore,
coce 'o sole tra' e' lenzole,
dint'' o vico siente suone
de chitarre e' de tamborre,
Sta' chi canta, chi stornella,
Una stona, a nata strilla,
Sta' duzzine 'e nenne belle,
Songhe pronte pe' parti'.
So' e'zetelle, e' stiratrice
d''o mercate e' cchiu'bellelle.
Ogge fanno 'a scamagnata,
'ntulettate, 'mpupazzate,
Comme je pupe int''o triato,
Uno stile uno culore,
pura 'a machine color rosa,
io' sciaffeur tene 'a posa.
Donn' Assunta 'a chiuse 'o vasce,
Vanno in giro pe' na 'festa
Tutt'' a notte a itte 'a masta,
Pe fa' cose 'a nun scurda'
Pe' fa' cosa 'a ricurda'
Pe fa' cose 'a raccunta'.
Tutta aperta l'automobile,
Decappottabile abbigliata,
'nfunucchiate 'e appacchianate,
Rose nastre e' merletto
E 'a parata e sti pupate.

Prufumate 'e accamuffate,
So' e' sciantose 'ntulettate,
Ma verite c'ammuine fanno
'e papare 'n vetrina.
L' autista settebello e bellillo,
Ma' tene 'a posa e' farenella,
Dice 'a ggente
Na' scassate e buattelle.
Quanne passé fa' furore,
Sicialmente si fa' calore.
Isse sa' rire se' pazzeje
E le fa' nu' piruletto,
Dice gioche e' barzelette,
Ma tene l'uocchie int"e bursette,
Che prurite ch"e 'a vrachetta.
Lore 'nvece assaje cchiu' furbe,
Peccatrice, maliziose, fanno finte
'o pesce puzza.
Ma' isso niente finge e' niente,
Pare serio, e le dice simme pronte?
Gue' ca' io vabbordo a tutte quante.
Tutte allere e' paparelle, tale e' quale
'e gallenelle, so' felice, so' anziose
'e sta' gita litorale, tutt" a costa 'a itto
gira, cchiu" Surriente 'e positano.
Tutt" a notte 'a viaggia, cu' tammore
'e trumpetelle,
Comme 'e cocchele addrugate.
Mo' e' galline fanno l'ove
che piacere, che recrje,
Si t'ho zuco vivo, vivo.
Sta' 'juornata ce' spassamme
Tutte 'o golfo nuje giramme.
Mo' partimme, ce' ne' jamme
'a Surriente ce' fermamme,
gue' Toni' quante si bello
si attraente intelligente,
ma' si spusato tiene figlie?
Na' carretia 'a ggente dice,
'a mugliera puverella,
si nun dorme, gia' e' prenella.

Nu' buone omme overamente,
Jesce 'a notte e dorme e journo,
nun repose e' va' attuorne, attuorne,
trove 'o tizio e' so' fatica.
C'autista, che schaufer,
chillu' sterzo 'o fa' vula',
ma' si tocca 'a frizione,
la'te' saglie 'a pressione,
'e ircio' nuje gallenelle,
stamme 'a stregnerce 'e cuscelle.
Senza 'ntuppe, 'e ne freselle,
resistimme 'e munacielle,
ma' isso niente nun le 'mborta,
trase 'e ghiesce 'a dinte' fuosse,
scanze 'e mmure 'e lampione,
e se' ferme int"e purtune.
Si po' vigile fa' l' alt
isso sona 'o clacksone,
nun protesta, le fa' mossa,
Jesce 'a posa, da coccosa,
e' turnamme 'a viaggia'.
N'ata vota che' verizze,
m'ata vota 'o stesso vizio,
maje se' serma, e indiavolato,
corre 'e fuje 'nfuriato,
Eccitato, emozionato,
da chell'aria Vesuviana,
pure 'o mare ce' se' mette,
isso nun trove cchiu' arricietto.
brilla 'o sole p"a riviera
che furtuna che sta' costa,
che' ventate, che' rifrisco,
Cu' stu' stucco, frisco, frisco,
isso capisce ma patisce,
mentre 'o grano, cresce, cresce
pure 'o mare tene 'o vizio,
mieze e' rezze, j comme arrizza.
Tra' Surriente e Amalfi costa,
mun resiste, e cchiu' s' accuoste.
Corre 'a machine 'nciurata
cu' sta' vranghe de pupate.

Ma Chi so' sti figliulelle,
tutte in rose 'mbellettate
dice 'a ggente so' bellelle.
D''o mercate e chhiu' carelle.
Ma' Tonino comme fuje
se' sfrenato, se'' mpazzute?
Ma' si po' le prore 'a cape
mene 'o freno 'e blocca tutto.
E' nu' quaje pe' gallenelle,
ferme 'e botta, che disaggio,
se' svullazzene, sparapanzene,
che delure dint'' a panza
'e se' mettene appaura,
po' se' scetene d'' a botta
'e accummengene a suspira'
Beneritte 'o sette bello
Ca de carte e' cchiu' bellillo
'e dorate, e' 'o sett' oro.
Ma nuje ogge e' 'o patrone.
Tutte l' anno ca' culletta,
tutte 'lanno pe' sta' festa,
benerico 'o mese 'e Maggio
ca t' arriva leggio, leggio,
Accussi ce' divertimmo,
ce' spassamme, ce' stracquamme,
cante 'e suone senza sosta
tra' 'o mercato e Amlfi costa.
Ma' chi' so'? M'addo' vanno?
Sti' figliole, stiratrice,
D''o rione da Duchesca,
tutte in rose 'mbellettate!
Ma' so' femmene 'o pupate?
Po' ritornene stunate,
comme' rose gia' ammusciate.
senza voce, ma' felice.
Sodisfatte. Accuntentate,
Da sta' gita Amalfitana,
bella costa, bella gita,
ma Tonino a superato.

Tra' e' figliole truove 'a bella
'a scuntrosa, na 'cretina,
'a mucosa, duje sfacciate,
'a vezzoza, 'a cuntigonosa,
chi gia' soffre e'vo' fa 'a sposa
e' se' senta tutta 'nfosa,
n''a capera, n''a vammana,
manca sule 'a lavannara,
chella e' vascio 'o Lavenaro,
mun venette se' restaje,
cu' seje figlie, e sei bucate,
un ce' tiempo pe' sfrenate.
Mo' 'e tre' int''a nuttata
ma dimane 'o gallo canta,
n'ata vote pe' tutte quante
dint''o vasce e' stiratrice,
sanno gia' che s'adda' fa',
Donn' Assunta o ssape gia'.
So' bucate da' stira'!
E rimprovere 'a piglia'!

§ 131

L'INNO NAPOLETANO

Parodia dell'inno di Mameli

Paisane 'e fratelli
cu l'Italia e Mameli,
tene Napule 'n testa
vi' che paste e' menesta,
ma' si 'a cape se' 'nfoca
cu' sti' pile 'e sta' chioma,
gagliardette 'e bandiere,
bersagliere a vede'!
Astrignimmece attuorno
'e tenimmece forte,
simme e Napule 'o morte,
questo Dio lo' creo'!
Dalle alpi a Tricaria
Condannati a vittoria
per scacciare lo straniero
tanto sangue sprego'!
Maledetta l'insidia,
vita 'o morte giuro'!
Dalla Marmora al piave
fino a giu' lo stivale,
riso, pasta, e polenta
tive afforza magna.'
Astrignimmece attuorno
'e tenimmece forte
simme e Mapule 'o morte
questo Dio lo' creo!
'E purpette quadrate,
si'a ragu' 'o arreganate,
La vicine 'a 'nzalate
So' n''a cosa a guarda'!

Azzeccammece jamme
tutte ammore 'e passion,
c' 'o calore ca' vene
n'ato Remolo fa'!
Astrignemmece attuorno
e tenimmece forte,
simmo e Napule 'o morte,
questi Dio Lo' creo'
'O signore gia' 'o sape,
cu n'Italia beata,
so' sciuruppe 'a zuca'!
Pircio' arrangiammece in sorta.
D' Afragola a Resina,
Caivano, o Melito
vi che reggia, 'e prurito,
me' sente 'o sangue 'e squaglia'!
Astrignimmece attuorno
'e tenimmece forte,
simme e Napule 'o morte
questi Dio lo' crec'!
Tengo seta purio, cu nu bivido 'n brio
n'ato litro e Gragnano,
m' aggi'a afforze accatta,'
P' 'a salute e L'Italia, ogge voglio brinda'!
Sti guagliune verite, sempe 'nziste'e aggarbate,
songo e Napule pure, e sanno pure acclama'!
Io fratello a Mameli, liberaje chesta Italia
ca tanto amo e adoro, e a sto' sempe 'a sunna'!
Astrignimmece forte
'e tenimmece attuorno
simme e Napule 'o morte
Questo Dio lo creo'

§ 132

FERDINANDO CHE CANE*

Ogne vota se' f"a folla
sott' 'e mmure d' 'a Pretura,
tutte attuono fann' 'o cerchio,
pe ver' che stanno 'a fa'
'E famose Ferdinando che cane,
'e pe cheste 'e nummenato,
fa' 'e spettacule stradale,
dritto 'e alto cu' destrezza,
addestra e cane 'a saltella',
seje 'e llore sti Francesi,
so canille assaje carille,
state in fila isso po' dice,
'e dine"o cerchio hanna zumpa',
che zampette sempe all'aria,
tutti in linea, fanno 'a turno
capriole 'e saltarelle,
n'ata funa, n'atu' zumpo.
Ferdinando c"a bachetta
'e comanne 'a ca' ja' lla',
rire sempe dice bravi,
po' s'avote 'a chi 'e presente
grazie mille, grazie ancora,
cacce fore 'o piattino,
fin' 'a quanto ne cacciato,
da nu vigile stradale,
ma isso niente, nun le 'nborte,
nun appena gire 'o vico,
accummncia n'ata vota,
grazie mille, grazie ancora,
buona gente!
pure 'e cane hanna magna'.

§ 133

LACQUAVITARO 1800 -900

face e' notte tutte' sere
pe' Tuleto o a' ferrovia,
cca' spaselle d'acquavitaro
facce a' ggente refresca.'

O' mestiere e' friariello
e' accummencia verse e' nove.
e' fernesce po' a' matina
si a' sapute f'accatta'.

A'luntano pare 'nziste
na' parate e' traballacche,
a' canela, o' na' lantern
fa' e' bicchiere scintilla';

Tene tutte int"a baschetta
o' resolio ca mistura,
pure l'annese ca presa
jo' café' ca st'addura'.

Russo e' face Friariello
pare preno n' bancariello,
e' s'acconcia a' cuppulella
mentre sorzone o' café'.

A' giacchetta sotta' cinta
ogne tante vo' tira',
chillo jo' piso d"e butteglie
e' pircio' mme fa' 'nquarta',

o' cazono a' zuompafosse,
Po' ce mette pure a' soja
ogne tante pare care,
e' fa' e' bicchiere trabballa'.

Po' d''a ggente nun ne' parlamme,
chi a' vo' doce chi a' vo' amara,
l'acqua e' cavere Friarie'?
Manche e' sorde e' vote acchiappe

vonne o' credito d''a mme'.
E' pircio' io mme sfasterie
smoreza a' luce e' girole',
vaco a' casa, addo' muglierema

tene a' truppa a' m'aspetta',
n'ato journo, n'ata veppeta
addo' Friariello adda' turna'
e' sfama' a' chi tene cca'.

§ 134

L'ULTIMO 'EL' ANNO

Menmale che fernuto
che scalogna tutte l'anno
fino 'a l'ultime 'a vigilia,
m' aggia havuta tramazza'.
Io nu' lavoro nun 'o trovo
pure si 'o vurria pava', e t'arrancia
'a fa' quaccocosa 'o a umiliarte
pe campa'.
Manco 'o posto fosse fisso,
chillo e' niro nu' ggravone,
e si esiste uno buone
e assodato c'appartiene a chillu' lla',
che' 'o figlio di papa'.
Quanne po' te truve'a spasse,
tiene sempe 'luochie 'ncuollo,
Si chiammate sfaticate, vacabondo,
e te siente disarmato avvilito e gia' sfinito
manche 'a colpa fosse 'a mia,
chelle 'e 'a sciorta.
Stammatina e' stata 'a storia,
cu mia suocere e' muglierema',
dint' 'a casa sta' miseria
ca' ci'avvenge 'e vo' resta'.
Accussi me so' nquartato
e pe di meglio 'ndussecato,
ma accussi' se' po' campa?
San Gen' tengo 'a cape che mi scoppia,
e pircio' pienzece tu'.
Io 'a dumanda l'aggiu fatta
mille vote forse e cchiu',
n' aggiu spise 'e carta bollata,
se capisce cchiu' e mazzette

P'aspetta' nu' posto 'a posta
'o coccosa e' ferrovie,
ma risposta e' sempe 'a stessa
tutto e' pieno per adesso.
Chille 'o quaje ca nun sto' sule,
primme' e' starra' qualc' uno,
e pircio' fanno aspetta'.
Quanti solde c'aggiu' spise
me putevo pensiona',
ma ormaie songo anziano,
Nu' vichiotto e' meza eta',
stango muorto e' avvilito
che servesse 'o fatica'
si va' buono s' adda' magna'!
e si pure arrivasse a chesta eta'
chi putria cchiu' fatica'?
Pe tramente stamme astritte,
pe' sparagna' 'ncopp"o pigione,
avimme sloggiate 'a Matalena
nu quartiero bella assaje,
int"a nu' vascio 'a pont"e strada.
'A matina che piacere sent' e' suone
d"o mercato, e'o schiamazzo de matresse
chell' appicceche na' 'mpeghessa.
E co' lotto proprie affiance
ce sentimme fortunate, 'a cantina cchiu'
vicina lasce aroma a fa' sturdi' calle e' tripe
e 'mbustarelle stanne sempe 'pusteggia',
po' arriva 'o pazzariello
e n'ata reclama cerca e' fa'.
Vuje veniteme 'a truva',
la truvate tanti cose
mamma mia 'o bene e Dio.
Ve sperdite miez' e 'a ggente
nun putite cammena'.
'E puteche so' squarcione
tutte pare na parata,
sta' 'o cappotto pa' 'staggione
giacche 'e pelle, 'a fila, fila
se sente l'addore 'e l'animale.

Miez' e 'a folla jo' votta, votta,
me parute e' sta' abbala'.
Sarra' tanco 'o rocco e''nroll
Stanne tutte 'a cummercia'
'e puteche so' squarcione,
cu mille cose d'accatta'.
Sempe tutto for a' porta
e pure 'o patrone se sta' lla'
casomaje arrive 'a legge
e accumencia confisca',
ma isso gia' avvisato
sta' preparato
si nu sfratto s' adda' fa.'
Tene 'e lato 'a carettella
'e nu' ciuccio che l' arraglia
Pe le di c'hanve raggione

§ 135

L'AMMORE TUJE

Si metto int'á valanza ammore tuoje,
stu' bene genuine, e' senza 'mbruoglie,
sincere assaje carnale, e' maliuso.
Tanno puo' sta' sicura, che tutt'oro.
Stu sentimento ca se' chiamme ammore,
c'appassiunatamente io tengo e te,
nun t'aggio ditto ancora
ca pesa tre qiuntale, e nu' quintale a fora.
E te si mervigliata?
Allora che dice?
Me pienze? Me vuo' bene?
Ma' che faje'? Nun rispunne?
M'appare maliziosa, pecche' nun me dice à verita,
pecche' te scuoste? So' brutto? So' sicco?
Songo n''a capa 'e morta.
Songo nu sfaticato?
Te ne truvato a n'ato?
Allore sa' che te' dico? Tu pise seje quintale,
si chiatta, si n''a votta, n''a porca e' vatte 'a fa' scanna'!
Io po' amavo a te? Io po' me spusave a te'?
Toto'! Dumande 'a mamma toja
Pecche' creaje a te?
Verite che peccato pe' n'omme 'a chell'eta'!
Campe ca' fantasia, dice se' vo' spusa.

§ 136

DONNA CARME'

Vuje che sentite 'o battite de note,
vuje ca contate l'attimo d''o core,
num v'assupite 'ncopp''a sta' canzone,
restateve accussi pe' n''a mez'ora.

Quante vurria tenerve in armonia,
assieme 'a stu' strumento tuttia vita,
che' facciarria? Chisa'?
Vuje me' guardate, a che pensate?

Pe' l'aria vole 'a musica 'e l'ammore,
mentr'io chiu' ve guardo e' cchiu' me n'ammore,
Donna Carme'?
Pecche' suffrite, pecche' partite?

Aggiu' sapute ca' jate luntano,
aunite c''a famiglia ogge partite,
tanti augurie, ca Dio ve' benerica.
Donna Carme, ma vuje chiagnite?

Addio speranze, addio ammore mio,
che' illusion chesta vita nosta,
sempe cu' n''a speranza e n''a canzone,
sempe penzanne 'a vita e maje a nu' core.

§ 137

NAPULE CANTA E RIRE INTA' NU RAGGIO E' SOLE

Chiene è feneste aperte d'uocchie nire,
cuperte spase, é perziane ajzate,
sciantose so' è figliole puntigliose.
pé là bellezza, e pure d'allerezza.

Ventaglie é seta é pettenessa 'e perle,
só melagrane 'e tuppe cá purtate,
bella á spadella, male á chi vé ntope.
Passa a Madonne cá precessione.

Má ò spasimante resta á fà à spione,
Essa à coppe 'inziria, smirceja, feléa,
à mamma cà de sale nun é doce,
Le chiure à gelusia, è fernesce là l'edillio.

'O mare s'àrrecrea e tenemente
areto à ú scenario divertente,
'o sole cá sa rire 'mpertinente,
'e coce 'nfronte senza di maje niente.

'O cielo giá celeste dá matina,
sé specchia ché cuperte é seta fina.
Napule bellu mio,
Tu cante é rire d'intá n'a luce é sole

§ 138

N'ORA FELICE

Si bella si cianciosa n"a pupate,
si l'obio 'e n' ora ca' gia' aggiu' pavato,
che 'nborte si songo io 'o pure n'ato,
chell' ora 'e pe' chi recita 'o chi brama.

'o sesso 'o pietto 'e cosce,
'o spugliarello,
c'affanne ca' mme piglie tutt"a ssieme,
che' fiamme e' desiderio,

ormaje 'o mutore e' 'n moto,
suspire e' smanie,'n drancate,
n'abbracio, n'ato spasimo
'e po' reste pe' sta'.

E' guardo I'arte illegita
che fiore di natura,
nu' pietto. tutte curve
n"a carne rosa 'e sciure,

rotonde so' 'e mammelle,
asseje maniarelle,
abbasce nun ve dico
truvate 'o paraviso,

io benerica 'a mamma
pe' questa puttanella,
verite che fresella
ca' tene sotte lla',

che squarce che ferita
biate 'a 'sta pupate,
m'afatte diverti'.

§ 139

NAMMURATO P'' A VITA

Passa 'o tiempo sta' vita e' staggione,
more 'a foglia strasfurmannese a zero,
Po' se sceta 'a nu' suonno passato,
'e s'arricorda 'e mumente patute.
Puveriello stu' core malato,
che s'allareja dint''a l'ebbrezza d' Abbrile.
Ma' n''a fiamma l'autriere m'ha itte,
statt'attiente pe' Maggio e pe' rose,
ca''o ricordo te po' fa' scemuni'!
Era bella, 'a cchiu' bella d'o munno,
Nanninella se' chiammava gnorsi!
Me Fuje mamma mugliera e' surella,
de nu' bene ca'di' nun saccio di'!
'A perdette n''a notte infernale,
tra' duttore infermiere 'e malate,
senza dirme nemmeno 'e che male.
Ma' 'o ricordo ritorna putualmente,
si sto' triste, 'o me manca chell' anca,
tu m'appare, e' me'vase cuntenta
mentro io more sapennete morta.

§ 140

NAPULE

Cu l'uocchie apierte
e' 'o spirit 'ncantato
me pare nu' stunato!
Guardanne stu' creato.

'O mare cellecceja
e' 'o cielo fa' cuncierto,
sceta chillu' Vesuvio,
ca nun po' trova' arricietto.

Rire Capri e' Surriento,
stennennese 'a luntano,
mentre ca' Ischia dorme
sott"a n"a luna argienta.

'A Capri gia' e' Sirene
suspirene canzone
putente e' Faragliune,
suonne de nnammurate.

Restateve stanotte
mieze 'a sti suone doce
ca 'o Paraviso 'n terra
esiste sule cca'!

§ 141

NAPULE SI N'ARTISTA

Partenope tu sin a meraviglia,
Neapolis quante si affascinante,
Napule ma tu si 'a vita mia,
tu si 'a citta' 'e ll' Arte,

tu si a storia,
si ricca 'a capo 'o pero
C"o sole che ce sta',
si tutta nu museo,

addo'te gire, gire
nun saje che cchiu' truva'.
Si nu museo apierto,
se trase a tutte l'ore,

'e porte nun ne vo'
chi a Napule se ferme
sultanto nu memento,
se gode nu strumento

ca sona e va canta',
Chi a Napule se resta,
pe' na jurnata sola
se trova mieza l'arte

e la se vo resta'.
Tutte e criato a Napule
tra ggente e momumente,
te spierde miez"o bene

e risuscite a campa'
jurnate cristalline, che sole,
mentre ca' ggente prega,
gniagne n" a criatura.

More na' pianta antica,
ma resta n"a speranza
ca' cu' sti verse mieje
rimane nu' ricordo.

Addio Napole mio
ovvi' vaca luntano,
pur' parte e"o tiempo,
Puri parte cu' tico.

§ 14

2 'O NAMMURATO

Famme tutt" e dispiette ca saje fa',
damme tutt"e turmiente pene e male,
diviertete Nanni nun ce' penza'.
Tu rire, che faje te' spasse?

D"o male che me faje
nun te ne 'mporta?
Me tiene 'a bada comm"e nu canillo,
e io vengo sempe areta appriesso a tte,

tute n'abbuse ca te voglio bene.
Quanto si bella, pe me tu si 'a cchiu' bella,
pe' ll'ate sin a femmena sessuale.
Si capricciosa, volubile, scuntrosa,

po' faje 'a vezzosa pe' m'accattiva'.
Pircio' io te support, pircio' ne soffro,
che faje mo' rire?
'O saccio, ca' tu 'e me nun te ne 'mporta.

'o saccio tu hai raggione c'aggi'a fa'?
Io songo pazzo'e te, che pozzo fa'?

§ 143

'O TOTOCALCIO

So' nu tifoso, si n'appassionato,
io p''o Pallone, ne farrie cazzate.
Mappicceche discute, po' me 'ncazzo
cercanne na raggione miez'a ll'ate.

Chi e buono, o malamente
nu scafesso, c'ha signato?
N'artista 'e 'o portiere, che parata!
'A squadra nun va' niente perde seme
'e l'arbitro e' venduto. Me capite?

Quale scudetto? In casa o fore casa,
'a colpa 'e de nisciune e vuje parlate?
'A solita schedina chella ca perde sempe
'o tridece me sfotte, m'arrobba e se ne va',

n' ata semmana, n'ata sconfitta,
pircio' io so tifoso, pircio' vac''o café'.
E m'arretire tarde, muglierema m'allucche,
Vecie'ma tu si pazze? Vi c' ora he fatto fa',

e dimane, chi te scete, pe' ghi a fatica'.
E io ca cora 'nculo, e 'a cape nu pallone,
ancora 'ntussecato 'e tanta discussione,
me 'nfilo dint'' o lietto senza discussione

ma muglierama sta fresca,
e io che pozze fa'? pare pazzje 'o pallone.

§ 14

4 'O SURICILLO

Nu surcillo dint''o mastrillo
tantu bellillo, tantu carillo,
isso me guarda assaje 'mpaurito,
manno nu strillo, e accummenci'a gira'.

So' duje pallone l'uocchie che tene,
doje perle nere, tra musse e mustancce,
e mme gira sta' faccia che recchie a lupine.
Griggio e' 'o vestito, peluso ca tene,

che puzza 'e furmaggio, che staje a ffa'?
'O pazzo int'a la?
Zampetelle appuntite, cora longa ca tremma,
e s' arravoglia cu'te,

nun ce scampo e' fuie', che d"e nun vulisse muri?

§ 145

'O GUAPPO

Don Peppino 'o malamente,
che 'o cchiu' quappe' 'e tutte 'e quappe,
si 'e nu' sgarro, isso l'affronta
se' dichiara,'nce' raggione,
vo' rispetto immediato.
Sempe 'a solita masciata,
si nun se' vasata chella mano,
ce' sta' pronta n"a zumpata?
Fore 'o café' 'a Vicaria,
se' discute d"a mancata,
'e picciuotte 'ntussecate
fanno 'a core c"o basista,
Ma' chi 'e stu' mastacristo?
'A bellella mantenuta
che l'amante d"o quappone.
se' sturzella fa' 'o vulpone,
c"o spallone d"o quappone.
Sott'a pergola arrasata
IIa' s'e 'ncontrano 'a l'assuoccio,
chi dichiara, chi' s'arrassa,
chi difende chill' onore,
scorre 'o sanghe inutilmente,
pe' nu' sgarro 'o n"a bravura,
more 'o quappo accurtellato,
regna 'o quapo vincitore,
ca' mieze 'a llate 'e cchiu' quappone.

§ 146

'O CAPPIELLO

'O prefessore Ippolito
io credo have raggione,
ca' 'o ffriddo 'e cape accire
'a chi nun se' ne' cura.

'A capa va' cuperta,
'e s'adda' riserva'
dice stu' prefessore
ca' se' po raffredda'.

Si l'abito dice tutto,
pure 'o cappiello io penzo,
conforte 'o eleganza,
oppure p"a salute.

Cappielle 'e scazzettelle
'a vuje parene niente,
vi quant"a cuppulelle
'a ggente sta' ppurta'.

Pure l' armate antiche
purtavano gli elmette,
dope cu' penne e' struzzo
'o stevano 'a orna'.

pure Napoleone
cu' nu' capiello 'a pizzo
vincette tanti querre
vurria sape' pecche'?

Chi' porta nu' cilindro,
'o fez, 'o sacco 'ncapo,
oppure n"a mappina
sule pe' cummiglia'.

Fa' buon Don Camillo
'o prevete d''o duomo
porta sul''a scazzetta
'e vi giure niente cchiu'.

Invece 'o Francesino
passegge co' berrette
dice che nu' pittore
ca meglio nun ce' sta'.

Chist' auto vuje verite,
cu' tanta propotenza,
porta 'o cappiello 'a sgherra
pare ce' vo' accuppa'.

A' cuppulella 'e pratica
'e po' lavoratore,
pircio' tene 'a frasiere,
e' sta' sempe 'a saluta'.

Chi porta n''a cazetta,
'o nu' berretto 'e notte,
'o fatte pero' 'e certo
se' vonne cummiglia'.

Pulecenelle pure
cu' chillo cappulicchio,
te porta 'a piedigrotta
cu sti cappielle 'e carta.

§ 147

'O VICO E' PAPARELLE

Nasce 'o sole e' scanza o vico,
tutt' attuorna vire gira,
stritto e' luongo cinche piane,
cu fenestelle e'barcuncielle,
'e tanti panne d'asciutta'.
Fanno belle'e persiane
So' pittate culurate
Sotte appiennele 'e presotte.
Ma' e' gelusie stanne appannate
addo' 'a bella s'annasconne,
essa te quarda vere tutto,
senza maje se' fa' svela'!
Chistu' vico e' paparelle
e' famoso pe' nennelle,
scapigliate so' bellelle,
so' n" a vera rarita'.
'Ntulettate e 'mbellettate
tuppe tise e' pettenesse
te squadreiene sit u guarda'!
Che virrizze, che sberresse
So' sti femmene 'n terrazzo.
Tra' sti venere d"o Nile
trove e' tutto, na' bizoca
'a verginella, chella prena
n"a zetella,'ca resella.
Stanne pronte a te quarda'!
Pure 'a vedova Donzella
vulesse' nu' marito sull'istante.
Che calore 'o mese austo
Int"o vico e' Paparelle,
tutte cercano 'o rinfresco.
'a nevajola abbasce 'o vico
Ratta, ratta sti' sorbette

Tene tutte da l'aracio 'a fraulella,
'e s'affatica c''o ratta,
Po' se' 'nfonne cosce e' gonna
'e sta' sempe 'a s' annetta'!
Quanne 'arrive 'o meso austo.
Che bullore, che passione,
e' stu' vico e' Paparelle,
addo' e' femmene 'n balcone
stanne sempe 'a pettena',
stanne sempe 'a suspira'
danno sfoco 'a l'aria aperta
si nu' giovene vo' passa'!
Nu' rammaro 'a sotte strille
'e pittata 'a perziana,
'a ogge 'a rotta si 'a vulite.
Ma' 'e pupate vanno e' presse
'a nevata fa' lo stesso,
te rinfresca la' pe' lla'!
'e accummenciane 'e panare
chine 'e neve 'a viaggia,
che calore 'o meso Austo
cu' nu' sole ca te squaglia'!'
'e che pupate da' coreteggia'.

§ 148

QUANNE MORE IO

Quanne mor'i, v'arraccumanne
'a tutte quante vuje,
pariente amice
'e chi nun mme cunosce,
nun mme chiagnite,

nun ve rammaricate,
'e pe' fa' ancora meglio
rerite comm"e pazze
baste ca' nun chiagnite.

Voglie sape' che festa,
'e ca' ve divertite,
tra' brinnese 'e ballate
ce' sta' pure 'o magna'.

Nun ve scurdate 'o muorto
venite puntualmente,
sultanto nu' rispetto
po' jate 'a strafuca'.

Dopp"o festine 'e lloggico
l'eseguie s' adda' fa',
zi' prevete co' 'ncienzo
'o men 'a cca' ja' lla'.

Arriva Bellumunno
imperiose 'e 'nziste
cu' chella face ciste
'o muorte vo' aggranfa'.

Percio' amice care,
se' m'atterate 'e l'unnece
coca mezz'ora 'e basta,
'e po' turnata a' case

'e comme l'acqua volle
Vuje 'nce' calata 'a pasta.

§ 149

A' PECORA

N''a pecora semepe diceve embe'?
Ma' che vulite lasciateme pascia',
n' haveva bastunate tutt''e juorne
'e 'n fila assieme 'a ll'ate m' era sta.'

Ma' che vulite lasciateme magna',
me secutate sempe pe' sape'?
Jo' cane sule 'a mme' vo' muzzeca'.
'O greggio 'e piccerillo,

simme nu' vintitre'
'o pecurare 'e scemo,
magna sempe 'a sciuscella,
'e move chillu bastone
manca fosse nu' Rre'.

Quann'ero piccerella, tantu' bellella,
n'' a pucurella n'angelo' e bonta'
tanta carella assieme e' casarelle,
incopp''o presepio stevo a' debbuta'.

Po' signurina 'e vergina capite?
mo' so' l'attrazzione 'e chisti' ccca',
sta' nu' caprone ca' nun me da' reguia
Mh'a itte ca' cu' me se' vo' sfuga'.

O'tengo sempe attuorno,
comme nu; muschiglione,
f'ammmore tutt'e journo
je' vote senza me'.

Mo' songo grossa assaje,
ja' lana m'abbuffata,
aspetto 'o turno mio
so' pronte d"a rasa'.

Mo' quante songo bella
spugliate tutt" annura,
cu' chest"a panz'annanza
embe' che pozze fa'?

Be' embe', be' embe'.

§ 150

'A SCOPA

'A solita scunfitta e tutt'e e ssere
a me me pare n''a fatalita'!
Io perdo sempe manche 'a farle apposta

ormaje so' anne ca nun riesco a supera'!
Gue' jamme belle allora che fatte?
'O sette bello denare je' carte 'a luongo,
chiu' tre scope c'a primera e fanno sette.
Pave 'a scummessa jamme Vicenzi'!

Camerie', n'espresso lungo dolce,
appriesse chella riccia 'a sfugliatella.
Jamme vuttamme 'e ccarte p'' a rivincita,
me voglio sursiggia' n'ato café'!

§ 151

'A VITA 'E NA PALLA

Quanno penzo 'a vita mia
M' arricordo d''o Pallone,
essa zompa, vole 'o care,
'e sta' n'ata vota 'a zumpettia'!
Corre 'a palla po' se' ferma
Se' 'ntalleje po' nun ce' sta' I
M'addo' e' ghiute?
Se' 'ntrattenuta?
Ma' chisa' chi I'attirata?
Sarra' state ca chella vota,
chistu' core s'appicciaje,
pe' n''a femmena sirena,
ma I'ammore nun duraie,
pecche' gia' teneva 'a n'ato.
'E so' rimasto sule 'e scunzulato
C''o core spircio 'e senza nu' salute.
Biate 'a vuje
ca state 'n primavera
Mentr' io me faccio
vierno ognie staggione.
Ma' tiempo passa pare n'' a cumeta
mo'corre 'e fuje, senza maie n''a meta,
senza speranza, senza condizione,
pecche' quanne I'eta' arriva
nisciune 'a po' ferma'.
'e addio felicita'.

§ 152

ABBASCE PUORTE

Nu' lato antico
cu' na storia vera
na piazza vecchia,
stesa quase a mmare,

nu sito d''o presepio,
abbasce 'o mare,
nu sito cam me pare mo' pittato
cu' tanti putechelle e casarelle,

so' dobbeche, d'arcate e scalinate,
so' fenestelle careche, d'aglie 'e cepolle
'a gente fore 'e porte ca sbarea,
'o sole l'arrepasse e gira a rassa,

mentre 'o bucate, soffre e s'allarea.
E' nu quartiere 'e gente piscature,
na zona addo' si muorte e maje si vivo,
na zona addo' t''a 'mpare senza scola.

E campe p''a jurnata o p''o Turnese,
so' 'e terracotta, forse sti cummare,
calluchene e scugnizze for'' e ggrare,
tra puoste 'e bancarelle, o lavenaro,

'a seggia 'a vicchiarella, 'o canteniere,
tra panne spase scennene 'e panare,
'a voce d''o lattare, 'o scarparo, 'a sapunaro,
e doppo arriva pure l'arrutino.

'A pizza 'o bbrore, n'ato castagnaro,
'a guardia reggia, arresta 'o mariuolo.
'O solo jesce 'o stesso ogni matina,
annanz''a chiesa, la vicino a 'o mare.

E sfotte se diverte, 'e llasce 'o scure
mille barcune, vasce e pannuline.
Vola 'a munnezza sott''o marciapiere,
'o gallo canta n'ato calannario,

se' scete "Neapolis" cu''a storia soja,
nu sito addo' se' pesca p''a jurnata
n'angolo d''o presepio antico ancora
e quanne s' alluccava alla marina,

currite, currite
'e turche so' sbarcate alla marina,
jamme fujte.

§ 153

'A SURBETTA

Gire, gire 'a muliniello,
Sstu sceruppo int"o secchiello,
miez"o chiaccio, se' fa' tuosto
'e fernesce int"e cuppette.
'E guagliune fanne 'e pazze,
chi vo' verde 'o maraschino,
cierte l'arancio, 'o limoncello,
tiene pure 'a fraulella?
So' cerase rosse 'o nere.
Sta' chi so' magna,
'o se' l'allecca, chi l'agliotta,
suca suca sta' subbretta,
fino a quando siente friddo
che sapore, e' stu' gelato
'e puveriello m'aggarbato.
Fore 'o vascio 'a vicchiarella
sempe 'nciarme 'o bancariello,
'e s'arrancia che misture
'e fa' cuntente 'e picerille.
Doce, doce, ja Surbetta
pe' guagliune senza tetto.
A duje sorde 'o cuppetiello,
allucca e' strilla 'a vecchiarella,
ma le tremmene 'e manelle
pe' l'attrite int"e detelle,
ma essa niente, finge 'e niente
'e sempe jenche 'e cuppetielle.

§ 154

'A VEDOVA

I'ata sera dope cena
m'a ffacciaje nu' pecurillo,
'a zetelle 'o terzo piano
si 'a vedova Petrillo,

Comme appena m'abbistaje,
ca manella saluva,
io corretto rispunette,
chella invece se' 'ngrifaje,

rossa 'a risa se' smirciava
'ncacagliava s'a calava,
tutte 'nfatte se' purgiaje
e tutte e' zizze scummigliaje.

Io avvillto preoccupato,
arrussutto scuncertato,
pure 'o sciato me mancaje,
e accussi' m'arritiraje.

Ma' muglierema sapiente
accurgennese da mossa,
me dicette che succiese
sarra' vedova Petrillo?

Jesce fora cu' n"a cera
p'appura' che ce' di strello,
e comme avvista 'a vedovella
ca gunella ancora ajzata.

Le risponne Donn' Amalia,
mi sembrate una Modella,
sule e cosce so' nu' quaje,
senza zizze bona,

Chillu' mazzo e' o chhiu' sgarbato
v'atturceglia sempe e' cchiu',
nun parlanne d''o beccucce,
talequalle 'o pappavalle.

Donne'Amalia mi ritiro, vi salute,
nun me voglio 'ndusseca'!

§ 155

'A COLLAPESTA D"O 1940

Intieme 'e guerra c'a miseria,
Nnun ce' steva che magna'!
sule spighe 'e doje sciuscelle,
'o Comune' stave 'a da'.
'A razzione 'e chelli tessere
era propria n"a vergogna.
Ogni ghiuone 'a stessa storia,
state 'n fila po' piglia'.
Doppe n"a Juornata sott"o sole,
te sentive e' di'e fernute.
'O fa' digiuno te fa' bene,
tu sparagne, 'e puorte 'a linea,
'e faje 'o quaje so 'e puverielle,
cu' chillu' vizio 'a masteca'.
'A tutt'ore stamme 'n file,
Chi p"a pasta, chi pe' l'uoglio,
Nun parlamme d"o maciello,
nu' cavallo pronte sta'!
'A farina nun se' trova,
sule 'e contrabbando 'a puo' truva'.
Alluongo 'o bbrore figlia mia,
ca facimme 'o tianone,
piglia 'a povere e' pesielle,
chella vrenna 'a farenella.
Figlia mia 'e tutto pronto?
Havimme fatto 'a colla p"o parato,
Jamme assesttammece
'e pruvamme sta' 'ncollata.
Mo' ca querra 'e gia' fernuta,
faccio ancora 'a collapesta,
no pe' me ma' po' presepio
e' po' sfondo areto 'a grotta,
me dicite 'e l'ascia' sta'?

§ 156

A GUERRA 1938

Pazziamme p" o rione
cu na palla fatte e' carta
quant'a gioja pe' nu' guaglione.
L'altoparlante me' stunava
Tra' trumpette 'e strille 'e morte
Io nun capeva chi alluccava;
Tanta gente che strillava,
tutte 'n core e' assaje felice;
e' pure inconsapevole
de n"a Guerra dichiarata,
tante speranze 'e assaie promesse
sbraitavene e' Fasciste.
Io penzavo forse me danno
Nu' Pallone nuovo
e milludevo assieme a l'ate
D"o barcone 'nbandierato
Musullino sbratiava
se' 'mpunneva, s'esaltava,
si nun alluccave, se' 'ncazzave,
'e pircio' io m' addurmevo,
ma isso 'a coppa c"o microfono
te faceva sbalze e' ato.
E'Fasciste intusiasmate
Cu trumpette e' gagliardette,
alluccavano 'n cuncierto,
fursennate, violenti, sempe
pronte adda' purgante.
'O mangannellate pe' sociale.
Tanta ggente ma che folla,
tutti in core p'e n"a Guerra,
ma' io pensavo a nu Pallone nuovo
e me guardavo 'a palla e' carta
comme fosse n' atternativa
e turnavo a pazzia'.

Mentre l'astante s' ammassavene
Quasi in arma c"o sunna',
nun se'limitavano a fuma',
Tanti fiete mille puzze,
tra' sigarie e sigarette
Maje mancavene e' spenielle
'o chell' Africa Orientale,
ca 'mpestavo tutt"o rione
e' Tuscanielle?
Chille che se' furmane 'e vicchiarielle?
Inturcigliato a nurechelle?
Chillo 'a coppe c'alluccava
Vincere 'e vinceremo,
mentre 'a ggente scarpesava
io miezo a llore stralunato,
che scarpe rotte e' 'nsanquinate,
ce' predette 'a palla e' carta,
n'ata vota pe truva' nu filo e'spave
n"ata vota e' sei giurnale.
Pure e' cumpagnielle so' sparute.
Turnanne 'a casa
sente 'a mammema che dice
addo' si stato delinquent
a chest' or ate retire,
'e che scarpe 'nsanquinate?
Maddo' si ghiute a fa' 'o surdato?
E mo' che te miette pe' dimane?
Chelle 'e sabato fascista,
comme marce all' adunata,
ma che vuo' co' Balilla to' faccio I'?

§ 157

AMALFI I

Doce 'o ricordo e' chesta terra Santa
Tra' rocce 'e precipizio e'sempe bella
Che Paraviso 'nterra, che storia.
Addo' l'onne se vasene 'a montagna,
addo' arrange e limone
s'ammiscane 'ncalore.
Spiaggia vullente
Ianca comme argilla
Tanti turrette.
Terra e cruciate terra Amalfitana
Nun cchiu' vestute 'e fierre
E armature, ma sule pace
Amore e' gratidudine
Pe' tutte sti' turiste ca tenite.
Ch'incanto e' quanno quarde 'a costa
pare c"o cielo se' 'mbriate 'a mare,
facennene' a tavolozza e pittore,
bello e a' guarda' o blu' e turchino
o si s'e mesca cu' oltremarino e' verde.
Che costa che meraviglia,
e tutta na' poesia ca' rima.
Stradelle strette, mille archetielle
Luggete e' fenestelle.
prefune 'e limongello,
da piazza 'a cattedrale
e' grossa a' scalinata.
Maie dorme Amalfi
Citta' d'eroi e muse,
citta' c"o munne adora
citta' ca sonne ancora.

§ 158

'A BEFANA

Miez''a strada 'a fila, 'a fila so' 'a migliare 'e bancarelle,
pe' via Roma, 'o Rettifilo, sempe allineate fanno 'a fila!
Trove e' tutto, bambulelle, pazzielle, palle 'e piveso cu' castielle.
Sta' chi cerca nu' trenino, o nu' vagone, co' lettino.
'E tutte prezzo sti' regale, subberante, 'o quasi normale,
'a maggioranza nun 'e bona, 'e fernesce 'a spazzatura.
Sta' chi accatta tutte stoppa, 'o chi cerca porcellana,
dice n'ato che sia biske con quelli occhi di cristall.
Nato signore cerca 'o treno, con carrozze fume 'e fischio.
N'ato individio povere omme, sule guarda, ma' nun accatta,
s 'arricode 'e tiempe suje, 'e quanne era nu' criature,
'a Befana tanno vulava cu n'' a scopa spennacchiata,
Ma' mamma' sempe diceva puverella sta' befana
manco chist'anne 'a itte vene.
Tanno chi te deve 'e pazzielle, ma mo'! Che bella invenzione'.
'A tiempo mio papa' mio tutto faceva, 'e mamma' che bambulelle
sempe steva 'a mpapucchia', essa pittava chelli' faccelle
ca' parevene nennelle, si erano 'e stoppa e carta pesta,
e' vesticciolle fatte 'e stracce 'e cammesella.
Mo 'a' Befana cchiu' nun vola pecche 'a scopa nun ha tene,
ma 'e vote si ce' penzo, Stongo ancora 'a pazzia'!
Mo so' mamma 'e pure nonna, torne 'a case 'e fa' befana.
passé 'a notte comme 'e niente, m'a matine e nu' festino,
cu 'e nepote 'e sti bambine.
Nu' criature corre 'e fuje,
p'acchiappa' chelle che fuje.

§ 159

'A MACELLARA

Donn' Amelia 'a maccellara,
che' chianchera, che padrone,
nun addumanne essa cumanne,
'e furmosa, assaje attraente,
rossa e' faccia ma putenta,
'e assaje bella ma le mancono duje diente!
Fa' 'o micione, si uno 'a guarda,
spisso 'a languida si' s'ha senta,
ma' 'ncazzoza si se' sfrena.
Ch'e cliente e' pacifica cujeta,
si se' gira e' n"a cumeta,
'a tanta ggente fa' cuntenta.
Nun fa' mosse ne' s'atteggia,
ma' si affella 'o ammacca carne
tanno si ca' ggente tremma'.
Io ce vaco tutt'e juorne,
pe' n"a bistecca tenerella,
Essa m'abbiste, pare 'o ssape
e' m'addumanne Don Giuva'
che mi comandate na' fettina di cularda?
Ma' 'ncapo a me' veco' e sasicce
'e do' nu' sguardo 'a Donn'Amlia
forse pecco di malizia,
'a me pare ca' capito.
Nu' salute n"a 'ntennuta,
mentre 'a ggente accatta 'e pave.
'O marito for'a porta
spice 'a ggente cu' l'appise,
ma' ognie tanto guarda' a essa
pe' scupri' cu' chi' pusteggia,
o facessa 'a curiosa c" o passante.
Essa e' purpose, ma' 'o marito e' assaje geloso.

For a 'a porta 'a cape 'e puorco,
ca so' guarda dispiaciuto,
pare dice gue' curnuto!
Duje caprette appise 'o chiuve,
Ffanno 'a gara 'a calunia',
assassino scurnacchiato,
Mmugliereta fa' buone ca' te' fa'!
Donn' Amalia quanne taglie
'a curtella fa' vula',
scurre 'o sangue quanne taglie,
'e n''a cosa da' guarda'!
Essa 'o sape finge 'e niente
fa' resella 'e guarda 'a me!
Forse 'e meglio me ne' vaco,
primma ca' faccio nu' guaje.
'O marito 'o tengo areto
c''o pullasto scapucchiato,
fissa 'a me' e' pure 'a mugliera,
cu' n''a cera d'altrojeri.
Essa rire 'e me' salute
cu'e dduje diente lla' mancante,
pure 'o marito assaje galante
serio, serio, ma' nevoso,
buona giornata Don Giuva',
danne n''a cera alla mugliera,
essa capisce, guarde 'nterra
'e n'ata vota sta' spiccia'.

§ 160

'A STRETTOLA 'A L'ORREFICE

N' 'a strada antica,
nu' budello 'e vico,
n' 'a strada 'e vasce puorte!

'E notte fa' paure quant' 'e scure,
'e sulitaria, cu' I'ombra 'nfacci'o mure,
chiagne n' 'a iatta cerca 'o nammurato,

Accantunate 'e puoste, 'a fila, 'a fila,
e' 'o scarto d' 'a marciume 'e d' 'a verdura.
Morte pare n' 'a coppia, accantunata,
pare che tremme tutte n' 'a nuttata.

'A I'alba t' appariscene 'e putecche,
so' tante 'e llore, tutte 'nculo, 'nculo.
songo ghi orifice sti' fuosso accant'o mmare,
comme so' scure, che puzza de Mercurio/

Squagliene I'oro, tanti giujelliere,
so' artigiane, so' emaste d' 'o mestiere,
tra' lengue 'e fuoco, saldene chell'oro.
L' artista puveriello, si pure miez' 'a I'oro.

s'ammale, se' distrugge, pe' fa' n' oggetto d'oro
Sempe 'nchinate, 'ncopp' 'o tavulino,
sempe cu' chelli mmane, quase affatate,
faccia verdasta, faccia avvelita,

suspire 'e muorte, pecche' suffrite?
cannucce 'e fiamme, maschere 'e vitro.
scenne 'o surore friddo culurato,
te' 'taglia 'a faccia, gia' marturiata.

Pe' I'aria se' rispira gia' 'o Mercurio,
argiente 'o ramma, n'ata saldatura.
A me' parene 'nfurnate sti pasture
Che facce janche, talequale 'a muorte.
Se' so' nghiummate 'ncopp'e n' 'cullana.
Tremmene 'e mmane artifice
c' 'o poche 'e tussulella, forse sarra'chest'asma!
Fore trove ammuine, 'e mille verdummare,

chi allucca, chi te' strille, 'e vruocchele, faciteve 'a 'nzalate
'A solita cantata, aunite 'e sunature.
Siente 'a luntaon 'e strille, I'accise int' 'o maciello,
sta' chi fa' vo' 'o sanghe 'e puorco, pe' 'n'ato sanghinaccio.

Quanti vacche 'e caprette, ciannu' lasciate 'a pella,
'E pure faccia verde, sotte 'a n' 'a lengua 'e fuoco,
carette bello 'e botta senza se' repiglia'.

§ 161

'A PANETTERA

Onna Assunta 'a panettera
fa' panielle 'a fa' penza',
tutt'e juorne, me' stupisce,
cu' n' aroma 'a fa' sveni.

Ca' puteca accante 'o mmare,
'a calate 'a Margellina,
sente adore, sente ammore,
cresce 'o lievete cu' ll'ore,

nun 'ncia' faccio p'aspetta',
n' 'a masciata I'essa fa',
'e spusata, cu' nu' 'nzisto
ma stu' tizio nun 'o ssape,

ca' st'addore me stupisce,
m' arricchisce, 'e 'nzallanisce,
ch'essa' fa' pe' me calma?
Fosse meglio pe' scasa?

Faccio finte nun'e niente,
chillo cresce alleramente,
Vi che' pane che' fresella,
Onna Assunta ca' manella
ma' sa pute cumbina'!

§ 162

A' SPERANZA

N'anema Chiara lucent comme ò sole,
Chiene e speranze credente e fiduciosa
n'á giuventú nascente, n'á forza nú vulio
chiene é virtu e' d' onesta patuta.
Ma chiove madonna comme chiove.
Scurito e o cielo addo cè steva o blú
Ogge pare c'ò cielo me' sfotte.
Ò sole trase é ghiesce, nun cé resiste cchiú.
Chiagne nà mamma ogni'ora
'ncoppa nú figlio muorte
acciso d'á cammora.
D'à stú morbo ca' sempe cchiú abbonda.
Mà ò grano cresce ò stesso,
Já vita è cchiú depressa,
à mala vita cresce, florisce,
á spese e chi patisce.
Mà ò sole jesce o stesso,
trà strade e scarde rotte,
facenne notte ò juorne,
scasse, terrore e morte.
Sò zone e' Guerra sò zone storiche,
s'arrocchiene dinté viche,
trá vasce é putechelle,
Il'a ò s'accire, ò sé rastrella.
Napule tu ca'sempe patisce,
pecché tanto ssupplizio?
Napule dincille 'a chillo!
Io che te sò figlio pecchè?
Napule cú chella faccia sporca,
m'appare ná Madusa,
tu suoffre?

Tu ca capisce è chiagne,
comme n'á mamma ò figlio,
perdenne tuttè speranza
senza future ò vita.
Má ò core maje nun more,
rimane reffrettario,
Trá 'nzirie e' male sciorte,
cè resta n'a speranza.
Ò sole abruce 'o scarfa,
rastrella tanta rogna,
purtannece calore
P"a ggente 'e tutto core.

§ 163

AURELIO FIERRO

Auré pure tu cé lasciaste?
Comme triste chest'ata mmasciata.
Chiagne Napule pe té cantatore,
fuste tú ò cardillo d'ò coro.
More Aurelio é stá cittá che canora,
Comme é te giá malate da anne.
À New Jork nuje cantajeme assieme
à casa mia cu' cenette 'e malie,
tu ire ò princepe, tu ire ò divo.
Ma pecche' chesta vita e crudele,
che 'nfamone?
Mé parute fosse ajere,
é stá anico cantante e' pueta.
Quanne 'e te m'arricordo chi ire,
tanno me dico, ma possiblile è muorte?
Auré tu si vivo, tu nun si muorte.

§ 164

'A PIZECATA

L'aria fresca d'ò Saliento
à campagna, ò grano, à vigna,
frutta é albere d'aulive.
Má sott'ò ò sole nziria à vita,
Coce ò sole, brilla ò mare,
Sé appicciato stú creato.
È à malia, ò é I'ammore,
fòrse è 'a tirantola famosa.
Quanno abballe io me sento
tutt'ò sanghe arruvutá.
Tengo ò vertico int"á panza,
zompo é ballo avvelenata,
sò á Tirantola è Surriento.
Gue' so' à Sirena c'arrenaje proprie ccá?
Io 'ncopp'é scoglie
nasco é more
Quanne ò sole stá cú me.
Cué ca io te pizzeco?
tu cchiú abballe à Tarantella,
e chiu' à Tirantola t'afferra,
che furure, che stupore,
comme jà pazza fà tutt'ora.
Chiú sé gira, chiú t'attira,
chistú vertice benigno,
rosse é faccia te' 'nfucata?
D'o Celiento jáje 'à Surriento?
Gira à costa Amalfitana,
maje t'arrienne si' forzenna?
P'o s'arrenna c'o tramonte,
se assupita, pare dorme,
Pò sé sceta all'intrasatte,
'nciarme balle è pirulette,
a ogne ore fá Tirantola,
essa f'a ná Tarantella,
cu castagne e' tamburelle.

§ 165

ʼA ʼMBUPATELLA

Miez"e feste, ʼa tarda sera,
ʼa ritorno du nuʼ ballo,
Cuʼ lʼamice ce facevemo nuʼ spundino,
Spisso ʼnterra ʼo Granatiello,
p"a riviera, ʼo Margellina.
Grossaʼe chiena ʼa cuzzechella,
giaʼvelluta dint"o mare,
sottʼatutte chelli freselle,
ʼe n"a ʼnquacchiate ʼe russulillo,
llaʼ tʼappicce tutt"o musso,
ʼe lʼarracqua cuʼ lʼasprina,
russo ʼe limpido eʼ stuʼ vino,
cchiuʼ ne vive, ʼe cchiuʼ tuʼ rire.
Cala ʼa notte seʼ faʼ notte,
bonanotte ʼa chiste amice,
ʼa dimane a tutte io dico.

§ 166

'A BICICLETTA

D''a piccerillo
'a passiona mia era 'a bicicletta,
'a primma che me fuje regalata
fuje nu' trecicle,
'a tre anne, currevo annure
'ncoppo 'a n''a luggetta.
'A cinch'anne vulavo
c''a duje rote;
no'nun era 'a mia,
e sempe affittata,
io marricordo ancora
chella mez'ora,
currenne comme 'o pazzo
int''o Cavone, p''a Ferrovia
Forcella Capuano,
facenne pirulle' 'e corse
d'azzardo.
Quanto me fosse piaciuto,
esserne padrone,
ma' chella mez'ora passava
comme 'e niente,
Pare vulava assieme 'a me'.
'E mo' che ne putria accatta'
nu' centenaro, addo' a piglia
'a forza p''a munta'.
Addo' sta' cchiu'
chell'energia e guaglione,
ca' spensierate 'e gaje
nun sape 'a varita',
Comme vorria'
turna' nu' puveriello,
addo' n''a mamma
nun sape maje appare'!

§ 167

'A GASSOSA

N"a buteglia de gassosa,
te rinfresca tutt"a vosa
'e frizzante, fervescente,
meglio ancora si 'e servita,
Si t'ha vive cu' n"a seta
te fa' chiagnere 'o frizzante.
Dice buone I'acquajuole
vivatella che gassata.
'A me' piace 'a limunata,
n' arangiata, n"a nevata,
acqua semplice guardate,
spicialmente si sto' sule,
in un oasi senza acqua,
desertato 'e assetato.

§ 168

'A FENESTA

Sera 'e vierne,
e' io d' areto 'a fenestra,
guardo fore 'e rimpetto a Lucia,
stima 'a lastra,
e s' appanne 'a visione.

A che pienze la' areto 'a fenestra
nun 'o vire ca' io stongo a suffri,
muovo 'o rito, e mme scrivo
'o message nun e cose Vicié.
N' ata notte t'arruobbe Luci

'a dimmane t'aspetto puntuale
n tarda', nun me fa' cchiu' suffri.
Scenne 'a notte e s'abbagliene 'e note,
ma se scetene dint" a nuttata,
n' atu suonno, n'ata vote si tu.

'A dimane m'aitte Luci.

§ 169

'A BARRA

Nu' gruppo e' compagnielle,
spenzierate e' diavulielle,
stevene sempe aunite,
facenne cos''e grouse.
'A sera 'a partetella,
bigliardo 'o sette bello,
sempe alliccate 'e belle,
'a cerca de' cchiu' belle.
'E figliole gia' 'o sapevene,
c eveme scapestrate,
e se' stevene luntano.
'A Dummeca spicialmente
nisciune sapeva niente.
Ma' spisse se' ballava,
'nfamiglia 'o a' sale 'e balle,
pe' riturna' 'e notte,
scassato 'e scarpe rotte.
Servizio militare
'e lla' che m'addrizzaje.
Mo' stongo 'nterra America
nun cchiu' ca stessa eta',
ma spisso se' ce' penso,
me sente ancora giovane,
si pure 'e forze mancano,
'e me' crero de sta' lla'!

§ 170

'A 'E BAGNE 'A SANGIUANNE

Affiaco 'o lagno, 'a Sangiuannielle
dope d'o vintinove scinne 'a mmare.
Pe cirte era 'o lido mappatella,
pe' l'ate era n'a spiagge chine 'e ggente,
pe' mamma' era n"a spiaggia
Addo' nun se' pavave niente.
Ognie matina n"a spiaggia
addo' nun se' pavave niente.
Ogine matina n"a truppa 'e Marrucchine
gia' spellecchiate arrivavene ccurrenne,
'a mamma chiatta e' cinche figlie appriesse,
s'apprupriavano nu' poco 'e chella spiaggia.
Quanta felicita' 'nterra 'a n"a rena,
tra' sicchietielle palle 'e mapatelle,
cchiu' tarde sempe pronta 'a marenella
erano sfilatine 'e ppane e' murtadella.
'A seggia sdraje, gruosso nu' 'mbrellone,
c"o votta, votta, 'a folla chilli' bagnante!
'O sole t'abbruciave 'a cerevella,
'e l'onne te calmavene 'o calore.
d"a coppe sempe 'o cisco d"o diretto
d"a sotto maje spilato 'o rubinetto.
Pe' l'aria sempe 'a note 'e n"a canzona,
'e pe' mezza lira s'aballava nu' mutivo.
'A querra nun ancora era trasuta,
'e Musullino gia' suffreva 'e tifo,
n"a radio c'alluccava 'nterra 'a rena,
facetta nera pe' l'Imperoe pe' nu' stuorto.
Pe' l'aria se' senteva qualche tango
jo' fascine 'e Rodolfo Valentino.
Ma' quant"e bella sta' truppa stajuornata,
tutta' bruciate 'e mieze spellecchiate,
stanche, ritornano 'a case 'e Marrucchine

§ 171

'A CUCCAGNA D''O SETTICIENTO

Miezz''o mercato cammuine,
tanta folla, c''a te vote,
stanne'e sbbirre, chi te guarda
ma' pecche' tanta gendarme,
hanno accise 'a Masaniello
'o bandito cchiu' carillo.
Mo' e' rimasto chillu' ritto,
d' accio 'o pane si 'e nuosto,
o' sino' va' fatte fottere.

De Spagniuole.
mo' ce simme 'nfracesate,
tutt''e nobile disposte,
se so mise tutte 'e posta.
Pure ''o Papa da 'e Sepolcre
nun capisce che 'laspetta.
Ma' 'e Francise so' decise,
damme tutte 'e nun si 'mpise.
'E pircio' da' l'alta Italia Napoleone,
nun scennette manco 'a Roma.

Ma' chiedette per lo scambio,
tutti I beni del Vaticano
Vulette fa' nu' museo nun franciscano
ma semmaje sule Francese.
E' accussi ca ogge 'o Luvre
tutte tene meglie 'e nuje.
'A cuccagna venimme 'a nuje,
'e n''a festa popolare, si fa' Napule
ognie quatte mise
pe' sfama' 'a chi nun tene niente appise.

'o Re' Borebone isso capette,
'e pircio' 'nciarmave feste
pure 'e ricche 'e benestante,
n' appruffittavano d''a folla
'e ne fa tutte n''a colla.
'A cuccagna festa 'e popele,
non religiosa, 'e manco politica,
se' fa' sue pe' l'affamate,
pe vere' chi care 'n fallo.
Pure 'o Re'
fore 'a terrazza,
ogge s'allarea me pare pazzo,
tutt''a reto tene 'o curteo,
casomaje n''a querra vene.
'A cuccagna nun 'e profana,
e' neanche religiosa,
ma' e' a' festa 'e chistu' popolo,
c''a sempe avido pe festiggia'!
Anno fatto nu' castello 'e tutte' pane cose belle,
stanne 'a pascula' vacche 'e vitelle, cu' pullaste 'e gallenelle,
tutt''appise mille presotte, cu furmagge 'e assage casotte,
veco 'a pasta gia' sculata n''a muntagna 'e caurare,
tutte' attuorno votte 'e vine de vignete cchiu' vicine.
tanti dolce 'e pastarelle cu' nu' catto' chine 'e frittelle.
D''a luntano tutt''e bello dice 'o capo d''o bordello,
Vasche pisce 'e aragoste, tanta sarde int''e barile,
uoglie aulive, e' pane 'e rane 'e so' d' Aversa 'e Muzzarelle.
Pare vaggio ditto tutto, ce' sultanto 'a preleva'!
Pure 'o Re' fore 'o barcone, dice jamme falle fa'!
'E isso scaglia lu' signale pe' n''a querriglia 'e chilli' lla'.
Sott''e mure d''o Castelo, tutto succere in verita'!
Dice 'a legge, stajuornata tu si libero assieme 'a late,
puo' fa' tutto sia lodato, ma pero' maje 'a curtellata.
'E nemmene de bastone permettiamo sti' 'ntrusione.
Mo' 'o popolo affamato, 'e risolto confermato,
'a decide fine 'e 'nfunne p''a 'nggraffa' chelle che vene.
Isso 'e pronte, isso 'e deciso, spare, accire, vatte 'e ammazza,
sempe annanza cerca e' sta', sempe pronte c'' o stiletto
casomaje qualche ostacule ce' sta'.
'A mugliera resta areta, p'aggranfa' chelle che da'!
Arete 'a essa stanti figlie, sempe pronte 'a carreca'!

'E me pare 'a palle 'e 'o piveso addo' tutte vonne appruffita'!
Nel frattempo tra' sta' misca maje nun manco chillo affronte,
Sferra 'a lama stralucente int"e budelle d"o fetente.
Tanta ggente che saccheggia, pe' smunta' sta' torre 'e merda,
Miezz"o sanghe 'e muorte accise rire 'o Re' pe' chi 'e accise.
'O castello 'e pane 'e frutte mo 'e fernuto tutto distrutto,
Che peccato ca' stu' scippo nun 'a sfamato manco 'a Cristo.

§ 172

'A SCOLA ELEMENTARE

Prefesso' De Simone sempe me tocca,
'e Gentile 'o verite da' carocchie,
e' po'fanno rirere 'a sti' figlie 'e 'ndrocchie!
Comme pure Desimone,
Acchiappe semp''e mosche mane
e me vote 'ncuollo 'a me!
Prefesso' a vuje pare n'angiulillo,
ma 'e nu' diavolu piccerillo.
Mamma' mia gia' sape 'o fatto,
'e vo' reclama' addo' direttore!
Io so' stato gi'avvisato,
e sti' monelle e' miez''a trada,
so' svogliate, e chine e' vizier
e' nun vonne studia'!
Prefesso' vuje cercate e' farce scola,
lIore manco l'affabeto ancora sanno.
Comme pure Santorino 'o nepote
d''a Maestra tutte juorne fa' bordello,
pure annanza a nu'bidello.
Presesso' io ve porto sempe 'a spia!
Stammatina aggiu' Saputo,
ca' m'aggranfano all'uscita,
'e me fanno nuovo, nuovo,
che paliata lata vota!
Mamma' mia ogge vene 'a scola,
'e fa' n''a stragge 'e tutte quante,
Vuje chiammate e' carabiniere,
pecche' si trove nu' 'ntuppe sotte,
ce' po' nascere pure 'o muorte.
Finalmente 'o Pruffessore,
calmo, 'e prudente nel suo fare,
dice alla classe, su' ragazzi fate i bravi.
Il campanello suona 'n classe
'e ghi student scappano di corsa.

§ 173

'A CIUCCIUVETTOLA

'A suocera e comme a ciucciuvettela,
primme te guarda e po' te fisse luocchie,
sott"a guardata nun esiste scampo,
te da' sola n"a guardata cu malizia,
manco fosse nu' fulmino o saetta,
sta' sempe c"o furchettone mano e chella rezza.
Quanti cose ca' nu' sguardo e vote dice,
senza parla', pare caje l'aje capito!
Stanne int"a stessa case e n"a ruvina,
pecche' ma'ha trovo sempe allerta int"a cucina,
e pure fore a luggetta ogne matina,
c"o solito libretto e medicine.
Mia moglie dice ca so" assaje scucciante,
m'ha piglio pure che Sante 'nparaviso.
Mia suocere dice ca nun supporte o fume,
c"o sole e troppo forte dint"a casa,
e l'aria e contaminate pe' sta' strada.
Sempe che chiure, sempe dint"o scure,
facenneme ombre e penombre tra' nu' lume.
'A cena pure lla' tenimme o muorte,
sempe c'annetta, sempe a lave' piatte,
nun mangia maje nun beva manche l'acqua,
e me runzuleja attuorno pege d"a morta.
Mia moglie dice mamma' te siente bona,
essa sempe dice si', cu' n"a faccia e cera.
E' po' savota e o guardo e fisso a me!

§ 174

'A BORSA 'E PELLA

Guardate quanté bella,
Sta' borsa fatte pelle,
'e grossa, a spartiture,
Aje voglie e ce' 'nfunná!

Tu' compra / dice 'o tizio,
mentre praje che balla,
nun tene 'a bancarella,
ma 'e tene spase 'nterra

Nu' mare fatte pelle
Tra' sandele' e bursette
Tu state attiente 'o fatto;
Te scippene, t' arrobene,

Te fanne 'o portafoglio,
Ma' tu staje stralunato,
Cu' chella borsa mmano,
Nun saje chi t'ha rubbato.

Tu compra? 'nziste 'o scuro
'e io ca borsa mmano,
Maronna 'e troppa bella,
Se' lessana rubba'?

Rinuncio alla bursetta,
'e meglio ad evita'.
Me tocco 'o portafoglio
'e sparito nun ce' sta'!

E' mó comme aggi'a fa'?
Senza borsa 'e pella,
'e senza 'o portafoglio?
Pó sfizio dó cumpra?

Mannaggia all'ammuine
'e stu' mercato niro,
'o scuro 'je' mariuole
E io che so' cetrule

§ 175

'A FRUTTAJOLA

Ogni matina 'a l' alba,
cu' o sole criaturiello
n'' a pacchianella scenne
c''a sporta 'e n''a spasella.

Schiuccante so' 'e cerase,
so' comme 'a vocca soja,
'e fravole c'addorene
se' porte 'a core, 'a core.

Scavuza tra' veste e' mantesino,
festeggia 'o sciallo 'a rose,
e c''o viento a frangia vva',
sta' russulella e' faccia,

allucche 'e strille
pe' vico 'o pe' mercate,
pruvate sti' cerase
ca d''o ciardino so'.

Passene II' ore
e 'o sole se' ne scenne,
a pacchianella scavuza
torna 'o paese suje.

§ 176

'A PASTA ASCIUTTA

De pasta asciutta so' nu' 'ndinnitore
ma de mestiere campo allere, allere,
faccio I' artista so' decorator,
ma si me' 'ngrifo pitto pure 'o sole.
Addivento creative a tutt' intent
quanne me magno 'a pasta asciutta
a ognie evento.
'A ggente dice ca so' nu fissato,
senza riguardo da carne pesce e' ato,
ajere me facette vegetario,
ma po' me n'accurgette
ch'era senza salsetta.
'E vote mangio frutta
Dolciume biscuttine
Ma po' m' acchiappe a furia
e torna a maccarune.

§ 177

'A LETTERA

Doppe 'a querra c'allerezza,
finalmente arrivaje 'a pace,
so' cinche anne ce' penzate,
senza muorte ne' scappate,
ma fuieme sulamente sinistrate
Esterina iette 'America,
e sta' lla' mo' da tre anne
se' spusaje n' Americano
'e mo ce' scrivimme
ognie semmana.
Chille 'o quaje che so' ignorante,
'e nun tengo 'a penna mmano,
asino' I che furtuna, ne screvesse
cchiu' e'una,
e' senza aiute e' chisti' fesse.
Jamme rè scriveme 'a letttera,
ca io t'ha detto e' tu m'ha scrive.
Ogni rigo nu' rimprovero,
ognie parola ma si pazzo,
strunzo no' accussi',
Io malerico 'a mamma mia, camo songo
Analfabeta, ma si avessa I' intelletto
'nico' facesse vere' io a stu" fesso.

§ 178

BRUNO

Non e' mancato a Bruno lo stile
'o I'intelletto arcano,
ma col tempo la belta'tutto cancella,
come guegli anni suoi bramanti e cari
vassallo di natura e grande stima,
se' la giocherellava all''insaputa,
anni di lussura 'e gaetezza
anni da lui vissuti d' amore'e garbo.
Stasera Bruno a 90 anni io piu' lo guardo,
e piu' mi sembra in gamba.

Agile 'o lento come un faro ardente,
mai manca di vigor o amor mordente.
Beato a Bruno ch'e in si' forma arcana
e far di si sempre rinona la radice.
Che il Dio gli dia forza nel future
specie nel traversar la sua avventura,
Vicino alla 'Ampara sua amante inamorata.

Paggio e' sereno lui strolla con I'amata,
e spesso si soggiorna nervignetto
come in quelle favole dorate di un libretto.
Tra'cavalieri e' vassalli lui ancor soggiorna,
tra quei tramonti e quei castel regnanti.

spesso festeggia con la consorte amata,
tra' amici e' cognoscenti del casato,
come in un sogno di sorpassata estate.
Abile e' scaltro Bruno da condottiere, e arduo,
sempre squaldisce 'o impuglia la sua lame
da' far stupire pure a un Don Ghisciot,
con spade tesa e piume sul cappello
gironzola tra' le torri del castello.

Ampara da Beatrice sogna e' sospira,
A lei mai manca nel sorreggerlo se' dolente,
e sempre pronta agli acciacchi,
o' quei sospiri cocenti.
L'affetto di Beatrice e' vivo e' caro
E' il caro Bruno ancor piu' attraente.
Quello che conta ormai 'e lo scudetto,
degli anni ormai vissuti da vassallo,
con langia e scudo 'e privo della spade,
ancora si girongola tra' prati.
Il muletto vespo e' brillo ancora arraglia,
Io scudo ancora vibbra se' s'icazza,
e fa' da eco a chi lo passa 'o sfiora.
percio' si e' dato al giuoco delle carte,
non per destar quell vizio ma per svagar di notte.
Lui spera nella sorte delle carte o un buon vinello,
ma se' gli capita Beatrice lui e' contento.
Con questo auguro a Bruno questo mio stornello
per il suo compleanno con l'amata Ampara.

§ 179

'A TORRE E' BABELE

Simme arrivate e' scinne,
piazza Garibaldi
risponnne l'autista,
piano, piano, fate attenzione.

'A statua mieza' piazza
se' guarde a uno, a uno,
mentre ammuine aumenta
senza che se' lamenta.

Pe l'aria che frastuonne
che ne facite e' tuone!
'O traffico te ferma
e'a ggente sa' catasta,

sempe c''o votta, votta
sempe c'hanna sbriga'.
Tra' autobus e machine,
ce' stanne e' motorine,

fanno comme e' lacerte,
se' 'nfizzene, te stonene,
nun se' po' cammena'.
'E marciapiere ingobre

cu tanti bancarelle,
nun saje se' mercato
'o fosse nu' burdello.
Chi allucca, chi sa' strilla,

chell'ate vo' na' triglia
se' penza e sta' Marsiglia.
Ce' truove 'o fruttajuole
zinghere e' fattucchiare

nu' fatto nun e' chiare,
si parlene 'n cuncierto,
se' senta I' Africano, nu' Turco,
l'Albanese,

l'Inglese passé svelto
saltella se' ne' va'!
II Tedesco invece serio,
cia' messo I'intenzione,

nun vene maje in piazza,
se' sistemato a Ischia,
villette, panorama,
se' ferma addo' sta' 'o sole.

E Garibalde rire facenne 'a statuette,
mentre ca' ggente corre,
senza sape' addo' va'
senza sape' pecche'?

N'allucche, che succiese
se so' arrubate 'a borsa,
'a solita bravura,
'o scippo brevettato

chillo motorizzato.
Fore e' caffe' c'a ddore
se' senta quante' II'ora,
na' sfugliatella riccia

Vesuvio n'espressino,
nun te puo' maje sbaglia'.
Sarebbe la cosa piu' pratica
e chelle che puo' ta'!

Se po' tieni la macchina,
e devi parcheggia',
nun ce sta' sito adatto
chesto to puo' scurda'!

Ci stanno gli abbusivi,
con tanto festeggia'
ma si le daje a macchina
sicure sparira'!

E vigile comunale
ca fanno e' contravenzione,
te blochene nu' traffic
ca nun se' po' sblucca'!

Verite che casino
se' trova sic ammine,
e si me fermo?
E no' la po' si futtuto.
E vaggio ditto 'a storia
e piazza Garibaldi,
ca' ancora sa' pazzeja
aunite che duemila.

§ 180

CAZZIMBOCCHIE

Nú gugeniello amabile,
vingiute fino o midollo
à chinche anne cu l'uocchie
á funcetiello,
ja' vocchia 'a papucchiella,
sempe c'a muzzecava,
sempe ch'eva pruva.

À mamma 'o suppurtava
ja' robba I'accatava,
sempe che caramelle,
sempe c"o masteca,
n"a quancia pareva
era n"a palluccella,
depositata steva sempe
n"a cusarella.

È cugine addumannavene
Chiocchio che tiene 'mmocca,
'a solita caramella.
Mo' che se' fatto viecchie,
ò vizio o tene ancora,
se magne ò purpettone,
'e s'abboffa f'a ò Pallone.
Cammine musce, musce,
l'eta' pure ce' sta',
Pero si torna areto,
che tiempe de guaglione,
allora si' che forte,
s'abboffa 'e bombolone.

§ 181

E'SCARPE

'E scarpe nove?
Ma 'e o vero?
Mamma' mia se' ricurdato?
N'ata vota 'a tiempe 'e scola,
n'ata vota 'a stessa scusa.
'A diece anne scuncertato,
n'ato paro, immaculato,
nun 'e rompere 'e capite?
'E do' Pallone 'nce' penza'!
T 'aggio itto tanti vvote
nun 'e rompere sti' scarpe,
che denare chi me' da'?
N'ata vota se' so' rotte?
'e p"a scola che te miette?
Vance scavuzo 'e capite,
ca io nun saccio cchiu' che fa'!
Jamme ascimme nu' minute
ca t'accatto n'ato paro,
sotte' mmure 'o Chiatamone
sta' Don Peppe c"o bancone,
'nciarme scarpe p"o rione
'addo' tutte stanne 'a ghi'!
'E economico n'artista,
tutte arronza 'e pare 'nzisto,
dice sempe 'a ogge 'a rotta
me pavate si Dio vo'.
Siente 'a mammeme ca dice,
musuratelle 'e carpetelle,
so' nu' poca larghe nun fa' niente,
Tantu tu' crisce dint"a niente.
Che delure, che mattune,
ma che songo fatte 'e fierre?
Nun se' piegano, ne se' bendano,
'e pesante comme 'e che'.

Riturnato 'a casa mia,
cu' duje piere 'ncassarmate,
me dicette cheste so' brevetteate.
Ogni ghiuorno jenne 'a scola
tra' 'e delure 'e chelle scarpe,
me sunnavo nu' Pallone,
ca' io armato stevo sempe
'a palleggia'.
Mo' 'e sarpe se' so' rotte,
'e I'armeggio se' scassato,
cu' duje piere 'nsaquinate,
comme faccio 'a studia'?

§ 182

E' TEDESCHE

Serie e' armate fine e 'riente
sa' marciavene incuitante,
sguardo fisso 'e pere ritto,
me parevene e' Romane,
ne scassavene e' ricciole
nun parlanne d" o rummore,
te sturdevene I'udito,
e pe' cchiu' chill'appetito,
menumale steve 'a querra
e' tirave sempe 'a cinta.
Benerico 'e prufittante
ca campavene 'e contrabando
chi arrubbava, chi scippava,
'o sarrangiave a spese 'e ll' ate.
Me arricorde chelle tesserae
c' assignavene 'e famiglie,
pe' I'have facive 'a file,
pe' ghiurnate sane sane
pe na' tozzola schifosa
ca sapeve e' scarrafune.
Era I' epoca da fame,
Che bumpardamente
notte e' ghiuorne,
mancava 'o tiempo pe' sunna'.
Chilli ricovere inconsistente.
Che delizia chellu' panne
sarra' stata segatura,
'o sciuscella pe' cavalle.
E' tedesche ca runzano
Sempe in cerca 'e I'Italiani,
se' purtave in Germania
pe' patane a coltiva'!
Pure zieme 'a bona anema

Fuje fucilato 'nfaccio 'o mure,
e da' partigiano isso murette.
Tu po dice cheste e' querra?
Ma io malerico a chi a 'nventaje.
Io da criature me' 'ncazzaie
'e d''a Balillo me spugliaie.
Fuieme doje vote sinistrate,
senza case 'e ne pruvviste,
sempe 'a correre 'e ricovere
pe' scampa' chi steva 'a coppa.

§ 183

FACITEME CAMPA'

Lasce I'amice ammore,
'e pure obbligazione,
ja ggente ca' mme cera
'o vo' sempe qualcosa.

Pircio' mme' so' scasato
Ja' tutte aggiu' lasciate,
'e pure 'a scellarata.
Facite campa' comme dich'I'
faciteme 'o favore ve' ne' prego,
mme' voglio rimane'
miez"a campagna,
tra' I' animale
'je bestie furastere.

Aggio deciso vaco 'a Caivano,
forse 'a fragile Aversaa 'o nu' Marano,
si po' 'a Melito I' aria
'e sereticcia, allore
m'arretiro 'a casamiccia,

baste ca' tene'a stalle
'e nu'pagliaro,
che fa' che stanne lla' pur"e galline.
'O faccio pe' coitudine
pe' sta' sule,
va' buo' sta' pure 'a vacca,
'o ciuccio 'e vvote arraglie

jo' gallo 'e canterino.
O' belle ja' matina
m' arrivene I'amice
ca' I'aggia da' magna'.

N''a scigna 'o papavallo
n''a vranghe 'e pulicine
'o micio' jo' cane 'prese
E pure'isso vo' magna'.

Comme mme sento stanco,
pensavo a nu' riposo
forse villeggiatura
ma quando stongo cca'
mme sento muorte acciso.

Ormaje aggio deciso
ritorna 'a casa mia,
addo' trova'a I'amice
'e pure 'a scellarata.

'E vvote I'ammore e' pazze
'e te' fa' cose 'e pazze
'a verita' ve dico
'e meglio 'a nun capi'.

§ 184

POESIA?????

LORRAINE Strine

Quanne figlieme nascette
Assieme 'o sole essa venette
Si era vierno era Gennaio
ma chillu sole riscaldava.
vispa e' bella na rusella
ca resella e' Italianella.
Maie durmeva e' ne chiagneva,
ma zucava nu' piacere.
Po'durmeva da pacione,
e' cu' l'uocchie sennechiuse
maie se' perdeva chill' evento.
Spisse vote unpunte' e 'piere
quann' e' notte essa dormeva,
io e a mamma ce assicuraveme si durmeva,
chiano, I chiano chella porta io arapevo
po' ce'avicenavamo a cunnulella
ma essa comme n'istinto da presenza nosta
I' ucchiuzzule gia' muveva, l'arapeve
se'scetava e' ce guardava,
e senza suppresa, na' resellace menava.
niente sfuggeva a chest' artista,
sia di natura, che di arte,
po' cchiu' grossa a fa' teatro,
con Arena play e tanti altri
d'ove recitava con devozione
pure quacche pellicola guardate?
Si nun sbaglio con Al Paccino.
Po' si sposo' con il suo amore
Anche lui un genio nel suo fare
Deck devote padre e marito.

Vola 'o tiempo comme e' niente,
e' ognie vita sfoca 'a soia,
che furtuna pe' pariente
po' marite, pe' duie figlie,
p''a sorella carmenella (Carmel)
pe' I'amice baci e ati,
e pe' I'arte ca essa fa'
ognie mese int''o south bay magazine
sfoggia I' arte che Divina.
Chesto siche nu genio ambiato?
Abile e' bella essa e n'arista
L'aureate e' intelligente,
ogge mamma cu duje figlie
pure lore abili e bravi
e' nu marito che I'ammira.
E nu cane ca fa'o' padrone
Baci si chiamma a tutte I'ore.
Cinquantanne so' passate?
Si cinguanta primmavere?
Si ce penzo nun ce' crero.
Io da pate a veco ancora
a cingue anne ca cantava
cu chella vucella in Italiano
(come te' non ce nessuno,
tu sei I'unica al mondo)
Ppure Dante Alighieri
dopo un lungo sonno si sveglio'
e creo' la Divina commedia
e pure p'isso mezza vita era passata.
Soltanto can el Medioevo
La mezza vita era di trentacingue.

A I nostril tempi si e' allungata a cinguanta.
Lui scrisse
Nel mezzo del cammino di nostra vita
mi ritrovaie per una selva oscura
ove la retta via era smarrita.
(gli anni passati cosi in fretta)
Pure pateme na vota mi dicette
sta' vita mia
(me parute n'affacciata e 'fenesta)

Pircio' cara Lorraiene
Felice compleanno e vita felice,
con amore da tutti, e anche da noi
tuo padre e mamma
Armando e Antonietta
Love you.

§ 185

'E VICHE

Ma' Pecche' ce' torne sempe?
Tra' sta' via e' vicarielle
ma che cerco forse a' chella?
Mo' so' anne che fernute
d''o passata che me' 'mporta
manco stessa a spetta' me'!
Che stristezza me fa' 'o core,
io, puntelle, io strumpulle
tra' vrecelle 'e fenestelle,
ma cherre' che penzo a chella?
Viche astritte, che me' dicite?
Pure vuje me canuscite?
D''o Calvario 'o Reclusorio,
una strada dritta dritta, so' sule io,
ma che faje? Te cummuove?
T'arricuorde e' chella 'nfama,
t'arricuorde d''o passato?
Traditore core 'nfame,
te presiente a tutte ll'ore?
Tuorne a casa non da retta
Iascia sta' stu' core 'n pietto.
essa e' mamma da tre' anne,
o' marito sta' 'ngalere
pe nu'furto 'e Ventagliere.
essa chiagne ca'fa' pena.
Scengo 'o vico stralunato
manco fosse a casa mia,
che schifezza che sta' vita,
ma pecche' sta' nustagia?
N'ato fuosso, n'ato vico,
nu' barcone sulitario
e' nu' garuofone ammusciato
Ma' pecche'?
Ma' pecchè nun è arracquato?

§ 186

L'ASSISTITO

Dicene ca dongo 'e nummere,
Gesu', Gesu', Gesu'.
Dicene ca so' assistito,

protetto 'a tutt"e spirete
e pure 'o munaciello,
'e suonne miej so' nemmere,
ca' si 'e svele a l'ate, so' nummere sicure.

C'e sta' chi piglie l'ambo
nu terno, na quaterna,
pe' fino na quintina
a 'e vote sinet"e fa'.

Pircio' io ca for"a porta,
manche se po' trasi,
tutte vonno a Pasquale,
'o stuorto l'assistito,

a llore nun cerco sorde,
ma pero'a chisti credulotte
si nun me pavene
io nun le dico niente.

§ 187

O' PORTALETTERE

io me svago tutt'e juorne
manco fosse 'nu turista
m'hannuditte cca' so' Isolano
si tra' Procida e Pozzuoli;
Miez"o mare vache e vengo
si pe' chesto, o' mo' pe' chello
senza lenza o' n'uzzariello
cumm"e o' facci"o marenaro?
M'hanno dato o' posto 'a posta
n"a giacchetta ja' cuppulella
'e mm e chiammene o' pustino,
si e' 'nu poste p'arrancia'.
Stu mestiere mme piace,
ma sto' sempe a' cammena'
porte e' lettere 'e signure
e' mme fermo po 'a parla'.
Nu' turista Americano
me piace overamente
e' simpatico affettuoso
fa' poesie pe' campa',
m'hanno ditte che famose,
tutt"o mmunno o' sape ggia'.
scrive sempe o' fa' ll'ammore
guarde o'mare e' sta' penza'.
pure a' mme m'ha nfarenate
ccu' sti verse e' stu' parla'
si nce' penze pare Dante
e mme vene e' recita'.

O' penziere s"e ffermate
sto' penzanne a' na sirena
e' mme sento nammurato,
uocchie, nire ammandurliate
cca' vucchella e' n"a cerasa,
si se' ggira all'intrasatte
cumme'e o' fulime e' pe' mme'
cu na' chioma near, nera;
Vo' copri' tutt" a bonta'
ma stu squardo ormaje
e' nciso fa' o' postino cumme' mme'
dice verse scanusciute
po' se' ferme 'e vo' penza'
chisto amico Americano
me cunziglie e' ce parla'
o' mannarle na' poesia
d"o pustino chist"u cca'
Ma'nbarate cierti verse
che mme fanne emoziona'
cumme' isso so' poeta a' fa 'parla',
Iio mme chiamme Armando Torre
e' so' e Napoli citta'
mo poeta dilettante
e' pustino p' arrancia'.

§ 188

O'MIERECHE D''E PAZZE

D'' o manicomio song''o direttore,
tremila pazze stanne sott''a mme',
d 'Aversa che piacere, vaco 'e vengo
cocche ore 'e treno, e' pafte sto' lla'.
Sultanto 'o guaje e' quanne torno 'a casa,

e veco 'a realta' quant''e schifosa,
mugliereme sparisce, nun se' trova,
ja' ggente pparle male 'e assaje se' dice.
Io so' geluse pure si rispira,
o'se' 'ntuletta, oppure va' f''a spesa,

ho saccio ca' 'o suspetto m'addulore,
ma essa niente, manche se' ne fotte
'E fuje ajere c''a 'ncucciaje, 'nfragrante
aret''e ggrare sott''a scalinata,
parlavene d'ammore a' coro, 'a coro,

essa so' vasava, e isso tutt'a maniava,
essa ca' vesta ajzate je' cosce 'nturecigliate.
Faceva 'a languita, mentr'isso l'accarezzava.
Io spiave mentre me' turmentavo,
Po' nun 'ncia' facette cchiu',

Nu'strillo 'na' minaccia,
scappajene, io e' curette appriesso,
io cu' nu' curtiello 'mmane
cercanne de 'struzza'.
Che' corsa che facette pe' tutt''o rettifilo,
'a ggente m'alluccave, ma io cchiu' 'e sucutave
Fermate a chillu' pazzo!
L'arresto 'a polizia,
Chiammajene 'o Manicomio,
cercavano 'o direttore,
Pero' cu' gran suppresa,
'o miereche d''e pazze
'o direttore capo
Gia' steva lla' 'n manette.

§ 189

'O SCUGNIZZO

Puveriello stu scugnizze
tutte pezze 'a verita'
cu' na sporta e nu giaccone,
si nun dorme vo' cerca',

tene l'uocchie nire nire,
ca me parene 'e gravune,
po' na pella nun se sape
sara' scura, forse auliva,

na scultura a verita',
'e ferfetta qualita',
a si'a lavasse sta statuette,
Se putesse presenta'.

N'ata vote mo' staje cca',
t'aggio ditto va' vattenne,
ca tu ca' nun puo' resta,'
a se tenisse duje ducate,

te putisse sulleva',
ma cu' sta coppela 'e travierzo
tiene pure 'a sigaretta,
tu si ancora nu guaglione;

nun da' rette a stu fuma',
curre a' casa a te 'mpara',
puveriello stu scugnizzo
senza 'a mammam e 'o pate sta'.

e s' arrangia miez' a via
addo' vizio lasce ffa',
tiene fame? Staje a cerca'?
Cu' duje sorde, vuo' campa'.

Io te guarde e te capisco
sta jurnata adda' passa',
tra tempeste e male tiempo
tu t'avissa peggiora?

Ma stu sole ruffian,
te capisce e te cunzola
songhe 'e tiempe che vuo' ffa'?
Co' spurtone, e stu giaccone,

ciente stracce staje a purta'
e si pronte a te cucca',
a si sta sciorta ch'é 'gnurante
te putesse fa' cagna',

quanta cose, putria fa',
tutte 'e guaje cat u tiene,
te levasse la pe' lla',
po' de ricche, e de putiente,

nuje ci'avimma vergogna'
d"e rignante 'e macchiavielle
face buone a nun parla',
a si a rota se girasse!

Nu sovrano me sentesse,
senza 'ntriche, senza sbirre,
nu Masaniello me sentesse.
Ma scetateme a stu suonno

veco tutt"a verita'
che te porta chist'u munno
ee n"a vita ca nun da'.
E trasenne a nu purtone,

cale a sporta e stu giaccone,
pe sunna' 'o fantasia.

§ 190

'O PAZZO

Dicene so' nervuso
mme' chiammene spustato,
Totonne 'o 'ntussecuso
'e siente po' 'e parla',
chillo c' allucche sempe
senza sape' 'o pecche'.

m'arragge tutt'' e juorne
mme 'ncazzo comm''e che'.
A' colpa 'e de mia moglie
che mme f''a 'nzallanuta
io parle 'e nun capisce
sempe che se' stupisce.

Ajere pe' esempio
addumannaje Rusi'!
Rusi quanne cucine,
e chella rispunnetta
'o gallo int'' a cucina,
Rusi' jesco, faccio a' spesa,
Che itte 'a uallere te pesa?
Nu zumpo vaco 'e vengo,

'O zuoppo vatt'' o viento?
Mannaggi'a vita mia,
Ma tu si proprie sorda?
Vuo' 'a sovera pelosa?
Ma comme s' adda' fa'
'e ssarde vaje accatta'?

'E vvote miez"a via
Cc" o traffic che forte
a tengo sempe areto
a chistu' guaje 'e notte,
facimme 'o quarantotto
se' mena miez'e tramme
senza senti 'o rummore,
'e carruzzelle 'o ssanno
ca' frusta 'a fann"e rasse.
Rusi' io allucco, 'e tramme!
'E sorda nun ce' sta' niente 'a fa'
chi sorete nun tene niente a fa'?
Vattene cam o io esco pazzo,
acale 'o matarazzo?
Statte zitta,
prepare chesti' zizze?
Chi t'ha chiammate?
Facimmece n"a chiavata?
Vattene 'e capite?
C"o cuollo me fa' male,
'o culo nun ce male?
Rusi' vattene?

§ 191

NAPULE TU'

Cu' l'uocchie apierte
'e o' spireto 'ncantato,
Napule tu pare nu' stunato.
Guardanno stu' creato,
'o mate cellecheia, mentro pe'
cielo 'nziria chell' aria e' primavera.
Fanno tutte concierto
e' chesto ne' so' certo,
se' scete po' Vesuvio
'ncopp" a nu' lietto e' rose.
Surriente che paziente,
invite' a tutte quante,
a visita' Sta' costa.

Rire Capri e' Amalfi,
ma si te firme'a Ischia
nu' funcio puo' vere.
Beato Lacco Ameno
che ricco e' scave e' ato,
ma l'acqua ca' ce stanno
so vera rarita'.
Capri c" o faraglione
suspirene 'e canzone.
pircio' tutte' Sirene
se so' restate lla'.

§ 192

N'AMMORE ETERNO

Te' incuntraje, mi piaciste,
pure tu te n' accurgiste, me vuliste,
e da tanno sti due core canuscettano
sule ammore, chillu' puro, chillo overo.
Ce spusajeme, 'e cuntente ce 'ncasajeme,
sempe anite, e nammurate nun ce simme
maje cagnate.
Ma' c"o tiempo 'a pianta cresce 'e accussi
qualcosa cagna, pure I'eta' ce mette a soja,
e te scourde d"o passato, e de chillo ammore
eterno, rispettato, e appassionato.
Accummenciano, e disturbe,
chello si, chell' ato no',
chella solita ricotta, 'a bulletta, e male 'e cape
o nu' pranzo juto 'a rotta.
'A non curanza all' occorenza 'o na' crescita
e' strafuttenza spicialmente se tiene a' panza.
Ma po' arrive chillu' journo, addo' tutto rendi
conto ca I'affetto vero e puro maje nun more,
pecche' fuje coltivato da entrambi campionisti
con il piu' perfetto amore.
E' te scourde de malanne, da vicchiaja, 'e male
e cape, chillu' pranzo ruvinato, e d"o dettore pedulante
ca te dice non dovete, solo in gocce, 'o queste pinnole costose.
'e t' abbraccia 'a vicchiarella, c" o ricordo e tantu tiempo fa'.
Ve guardate, ve' 'ntinnite, nun capite, ma 'so' I'uocchie
I'acrimuse ca capiscene st' estate, 'e fanno finte e' nun capi'.

§ 193

'O FIGLIO D''O SOLE

N'apollo na bellezza tutta Greca,
nu monument artistico a guarda',

sanddole 'o pero 'e 'mpellicciate
e piette, annure se ne jeva a cammena'.

Pareva Davide, che faccia, che prufilo,
capille rice e l'uocchie nire, nire
'o naso dritto comme na livella,
Davide era na vera rarita'.

Pero' stu giovane steva sempe triste,
'a mamma nun sapeva comme fa',
isso campave 'e pecundria, senza nu pate,
sultanto cu' mamma'.

Penzaje 'a mamma phanteon?
mo te dico 'a verita'!
Tu si 'o figlio d''o sole,
tu si 'o figlio 'e Helios.

'O giovane penzaje, all'aneme d''a palla,
mamma' 'e pazza, s'avessa fa' cura'!
Mamma' addo' sta' papa?
Pecche' nun sta maje cca'?

Isso fatiche sempe, ossaje ca va currenne,
e' cule 'e mala assiette, pircio nun sta maje cca',
d''a l'alba fino 'a sera, una tirata fa',
e po' quann''e o tramonto, sparisce, e cchi se visto cchiu'?

pircio' phanteon mio bello, 'e patete, 'o sole
nun te ne cura' cchiu.
Zeus e' 'o Re 'e tutte chisti Dei, dice c''o sole
'e 'o meglio, fatiche notte 'e ghiuorno.

Isso te port"a vita, luce forza e calore, e senza papa' tuje,
nisciuno po' campa'.
Mamma' io nun te credo, allora va addu' patete e siente 'a verita'.
Ma addo' sta 'e case pateme? Mamma'se po' sape?

Sta' 'ncopp"o monte Olempius aunite a l'ati Dei
dice ca sta Discordia, pe' mezzo d"e Gaddesse,
ca pe' prerute 'e "fesse stanno 'appiccecca',
ira saette e fulmine stanne sempe a mena'.

Ma Zeus che 'o putento ha ditto, stu casino,
io l'aggi' a' fa' ferni, distruggo sta' cuccagna
a chi nun vo' senti. Guaglio'dincelle a patete,
ch'avessa sta cchiu' attiente, ca chillo nun pazzeja

s'avessa scatena'?
Mamma' allora io parto temanno nu palummo,
nun veca I'ora crideme, 'e m'abbraccia' cu' pateme.
Mo'e n'anno che cammino pe' tanti continente,

ma 'o sole nasce e more senza pute' acchiapparlo.
io strille allucco e chiagno, papa' fame sagli,
fermete nu memento, nun farme cchiu' suffri.
Che d'e' me so' scetato!

Pare ca stongo 'ncielo, 'nzieme c"o pate mio
'ncopp'a nu carro d'ore, se chiamma I' Aurora,
pare na palla 'e fuoco che corre comme a che, vuo' vere'
ca chisto e' pateme, ca 'o carro sta' a guida'.

Mammella che calore, d"a l'alba fino a sera
currimmo comm'e pazze dint"a l'oscurita'.
Pateme sta palle 'e fuoco, isso nun dice niente
me guarde sulamente, vurria sape' pecche'?

Stu carro a seje cavalle, corre che na bellezza,
e pateme che guida cu tanta d'allerezza.
Nu sfizio m'e' venuto, papa' damme sti' retene
ca 'o voglio fa' vula'.

Phaeton ma tu si pazzo?
e Zeus po' che dice?
Si me faje quacche scontra, chi me po' arrepara'?
Quaglio' t'arraccumanno, vattene chiano, chiano

fa' dritto una tirata, nun me fa' trapazza',
no' aveto ne' abbascio. Sino' saranno guaje,
ca po' t"o dico doppo, che ce po' capita'.
Phaeton manco p"a capo, nun ha sentute niente,

sfrena 'e seje cavalle, al Massimo, fino a
l'ultimo cielo.
'A terra era scumparza, pareva nu pallino
Pittato tutto janco, penzaje se songo congelate?

Allora aggio capito, mo scengo abbasce 'e pressa
Me songo alluntanato, m'avessa avucina',
Mo pare se' arrustuto, m'avessa alluntana'?
Guaglio' he visto? Tu che m'he cumbinato?

Jammo f' ampressa, scuostete 'o vvi che staje
A brucia'. Zeus 'a coppo 'o monte aunite
Che Gaddesse s"a piglie mo c"o sole
'o vonno fa' ferma'.

Guaglio' e' meglio scinne, ca stongo miez'e guaje,
Dincelle a mamma tuja ca vengo po' a truva'.

§ 194

'O DENTISTE

Che' nuttata Chiara, Chiara,
I'ess'accise 'a stu' mulare,
si 'nce' penzo facci'o pazzo,
che gunfiore, che Pallone,
nun mma' fir' e' suppurta'.

Cinche piane 'e scalinate
tutt''e marme, che freddore
sceto 'o nervo ca' durmeva,
e mo 'e stele sto' a senti.'

'O duttore, sale aspetta,
I'infermiera, 'a segretaria,
ciente gente primmm e' mme',
che dulore ca' d''a mola,

'a vulessa strucida'.
Vi fa' male? E' gonfiata?
Allora bisogna che si sgonfia,
fate inpacchi 'e tornate domani.

Mamma mia che dulore,
n'ata vote 'e scalinate,
tutt''e marme so' gelate,
scete 'o nervo gia' 'ncazzato,

'e che faccio vache 'a case?
E' mme prepare p''a nuttata.

§ 195

'O PARCHEGGIO

L'assessore sta 'ncazzato
e sa' piglia cu' lurbana,
Dice a e' vigile voglio' impegno
Orsevate l' ordinanza, data multe
ai violatori, e non piu' aggevolate
'O Comune a mise 'e legge,
Ogge un e' chiu' comme na' vota/
Si campava c"o parcheggio
Senza multa e' fuorilegge.
Ji' chef olla, c' ammunie,

Chelli strade ognie mattina,
Ma pareve 'o maremote
Na' marea e' tozze a' votta,
Tra' nu scisco 'e na trumpetta,
Faticave p'arriva'!
Chillo 'o guaje, casomaje
S' adda'! parca'!
Senza spazio, 'o nu' parcheggio
Tutte' strade so' affullate,
Gia 'parcate e' marcciappiere

Si po' te frime un' memento,
'ncopp" a n' asteco vacanto
Tu gia' trovo 'o propotente
Ca vo' e sorde pe' susta'
Nun e' isso chill' addetoo,
Nun se' sa' chi maje sarra',
Primme isso steva n' ato
Ca' purisso nun e' isso
Abusive tutte quante
Cu sti' machine a guarda'!

Tu po' pienza ch'aggia fa'?
Lascio a macchina 'a parca,
o me' I' avessana arruba'?
Te' decide, vaje e' presse,
Vaco e' torno c' aggia' fa'?
'O riturno e assaje spassuse
Trove 'a macchina supstata,
Cu' tre rote, e na' maccata,
Io addumanne ma' che' state?
Coccherune lla' 'ntuppata?

Dotto' ma che dicite?
Vuje vulite pazzia'?
Vuje accussi I'ajte purtate,
'a mazzetta p"a mez' ora
Cinchemila assieme 'o sconto
Cavalie' nun tenghe 'o riesto,
e che facite riturnate?
P"a' Riviera e' n' ata cosa,
La parchiggia addo' vuo' tu',
Chelli machine gia' 'o sanno

C"o divie to nun esiste,
E' prutetto da' cammorra
E tu' pave a ogge a rotta.
Pure 'o vigile 'e prutetto
Fa' 'o cetato nun ce 'vere,
Pure e' lente songo nere
Quanne 'o cirche non 'o trove,
Nun ce' steva, va' giranno.
E' o' traffic aumenta
Cu nu' blocco 'a spaventa'.

Dice 'o sindaco mo' basta!
L'assessore se' 'ncazzato
Jo' Municipio nun capisce,
ma' 'e vigile gia"o sanno,
Comme 'o ssape pure 'o Santo
C" a cammorra adda' campa'!

§ 196

L'ALTARIELLO

dal Ventre di Napoli

Ve' meravigliate 'e tante altare?
Ve scadalizzate de' femmene scapigliate?
E' che portano 'ncopp''e spalle I'immagine d''a Madonna?
D'a supertizione d''o popolo Napulitano,
o' c''a povera gente c'a campa sempe malamente?
Ma' cu' tanta buonarita!
Pecche 'e ingénue, so' comme 'o ppane, so' ignorante,
una cosa sanne sule de' disgrazie 'e malaugurie!
Chistu' popolo accusi' religioso, manco sape' pecche' 'e curiuso!
'O pecche' se' fissato ca' smorfia,
isso dice e' maluocchie 'e meglio che stanno luntono.
Ma' superstizione se' incarnate cu' isso,
e' si e' fattura isso 'a scapa e' sa' cura.
Da' murtale saffatica s'arrancia,
cercanne ammore o' n''a pace tra' 'e brace.
'E devote malato, s'affida cu' chisto 'e cu' chillo,
'e fernesce 'mbrugliato 'o strunzato.
Chistu' popolo che' tanto ammirevole,
spisse addiventa pazzotico overe.
'E fissato se' 'ncoccia', 'e caputo,
da ignorante nun sape che cerca
'e se' mpapine tra' 'o bene jo' peccato,
'e fernesce deluso 'e seccato.
Chist'omme ca' tanto io v'accenno
fuje 'o suggetto e nu' studio da anne,
scenziate 'e duttore mondiali,
fino 'e mo' nun hanno capito 'o suggetto.
addo' 'e nato 'o pecche' fuje creato?
Ma' io nun capisco, allora nun sapite?
Ve' crediveve ch'ere sule superstizione?
'E comme I'havito fatto stu' cungetto impenzato?

Napule ognie tanto trase 'n scena,
'e tanno c' accummenica 'a tragedia.
'O culera d''o sissantacinche?
Vavite scurdate? D''o miraculo, 'o vute.
I'asciute de Sante, 'a chiagnuta?
'E prucessione pe' viche,
d''o popolo 'ngiunucchiato e' strazziato,
chilli' muorte d''o Chlera 'ncarrettate,
e' 'a migliaje atterrate.
Doppe duje anne,
pure 'o Vesuvio ce' mettette 'a soja.
Che' nuttata, 'a ggente mureva allerta, abbruciata.
'A lava puressa ce' vuleva facette tanti muorte,
Pompeje Resina, Portice 'Ecolano,
Ma' 'o fatto chiu' importanto era 'o culera,
c'a persisteva, comme n''a cumeta.
Stu' morbo pare ca' nun fosse overe,
ma' statistica de muorte chesta esiste.
Tutt''e parrocchie stevene 'n prucessione.
Cu' I'immagine d''a Vergine 'ncopp''e spalle,
de femmene vattente, mille bizoche.
Che' vuje ve meravigliate?
'E pure e San.Gennaro?
'E vecchie 'e vasce 'o molo, dicene le so' parente,
te' truve sempe annanze, 'nfaccio 'a l'altare 'e fronte.
So' pegge de guardiane,
circondano tutt''a Chiesa nun te fanno assetta',
e si dice qualcosa s'auniscene tutte 'n core!
E' vecchie assettate annanze, sempe c' allucche 'e strille,
recitano 'e litanie, d''a l'alba fino'a matina.
Aspettene p''o Miraculo, c''o Santo 'a prolungato.
'E voce se ampliano p''a chiesa, 'e 'o prevete le parente.
Parene minacciose, tra' smanie,'e commozione,
ma intanto so' sule mossa, che fanno sti sberresse.
Pe' chi nun 'e capisce, se dice songhe pazze,
p''o Vescovo so' sule angeli 'e ascendenti 'e San. Gennaro.
Pe' San. Gennaro 'nvece so' 'e solite scassatazze.
Ma' isso nun reagisce se' sta' calmo,
ormaje 'a capito, si pure decapitato
Ma 'e vecchie nun se' ne' fottene, vonne che fa' 'o Miraculo,
pircio' ogni tantillo, l'abboffano 'e trunzillo.

Vieccio brutto scamorza, quante si dispettuso, quante si'brutto,
sprucete, faccia verde, pare ca' cheste 'o ssaje.
San. Gennaro sfasteriato risponne, ne' ma' 'a me' vuje che vulite?
Lasciate me Santia'!
Crerene 'a superstizione esiste sti povere ignorante,
dicene c'a squaglie 'o sanghe, Gesu' Gesu' Gesu'!
Ma' 'o popolo Napulitano,
e' accussi 'ingenio, accussi gentile, 'e amabile,
sempe cerca n''a capanna addo' tutt'e dulure putesene sfuca'!
Isso crede 'a tutte favelle e storie,
'e pure e' papocchie, basta che dice tu'!
Crere 'a tutte 'e Miracule profane 'o religiose.
Pero' quanne s'attacche, e' pegge de chell'evera vive 'e
strunzuosita'!!
Addivente nu' fissato, devote, superstizionso, pure pericoloso.
Pe' Napue se' sentano tanta storie, antiche moderne 'o pazze,
sempe c''a stessa targa Profane 'o Religiose?
Ce' sta' 'o pere e' San. Anna che se' mette 'ncopp''a panza
Pe' femmene ca vulessene nu' figlio.
Comme pure 'a jettatura, l'uoglio sparso, 'o specchiu rutto!
D''o cucchiaio che 'ncruciato c''o curtiello.
D''a cammisa mise areta p''a furtuna. 'O scartellato. 'E ragne,
'E scurpiune. 'E spirete d''a famiglia, 'O munaciello.
nu' guaghione vestute janco porta fertuna, vestutu russo disgrazia.
'A sagliute 'a Santa Teresa, nun quartino maje s'affitte, pecche'
da' vint'anne stanne e' spirete.
'O Napulitano crede 'a e' spirite,
pecche' llore danno e' nummere a' l'assistite.
L'assistite so' n''a razze assaje strane, fanno digiune, bevono sule
acqua, se coccheno 'a tramonte, hanno vision strane, ricevono
'i numeri del lotto dagli spiriti.
Vivavo alle spalle dei giocatori, 'e vvote abbuschene pure.
Ce sono stati alcuni famosi anche tra' monaci.
'E femmene Napoletane credono alle fatture, 'e a' strogoneria.
La fattucchiara, 'o stregha, si us ail loro potere in caso di gelosia,
'o essere volute amato da chi non vuole, disarmare il suo potere.
'O per far morire qualche rivale, per qualunque raggione.
La fattura essendo ignobile, 'a tutta una lettereturà sua strana.
Cosi chiudo questo capitol di Profaneria storica, non capita
esaggerata, cunfusa, quasi religiosa.

In realta il popolo Napoletano essendo di natura semplice,
ed espansiva, priva di esperienza, 'o educazione, ne resta vittima.
La' lora iseria profonda di vita reale, va oltre che il realism
ma' si appoggia 'a qualcosa che gli puo' dare conforto sia in
mitologia, che fantasia, 'e cosi poi si trova tra' il Profano 'e
religion.

§ 197

L'UOGLIE AULIVE

Pianta antica chien'e vita,
ricca 'e tutto si 'a verite,
ce da frutta 'e uoglie aulive.
Quant''e bella si e' fiorita,
'e 'a ricchezza c''a vulite.
L'aulive ca' raccuoglie
o te magne, 'e te macine,
e' verdolino de culore,
e' miracoloso de sapore.
Chellu' grasso c'assapure,
nun fa' male pecche 'e oro.
Sta' chi dice 'e medicina,
'o sultanto condiment,
ma io dico cheste 'e uoglio
Del signore Pataterno.

§ 198

L'EMIGRANTE II

Juornata trista fredda e 'senza sole,
'nterr''a nu puorte aunite ca' famiglia,
quante so 'belle e' face de creature,
s' astregnene a me 'a mamma ca' se struja,
na faccia e' cera pare na Maronna,
che spade 'mbiette e lacreme int'' a l' uocchie.
Abbracce e' vase t' arracumanne scriveme Vicie'.
'A vicchiarella mia nun e' venuta,
mo' fa' sei anne ca sta' assaje malate,
mo 'fa' sei ore ca' ma' itte addio.
Pare ca tutto parte, pare ca tutto va',
sultanto chistu' core me dice ca vo' resta.
Sonene 'e viulini, chiagnene 'e manduline,
intanto 'a nave e' pronta pe' salpa'.
Straziante e chillo runfo ca se' sente,
ca 'ngrifa pure a pella marinara,
pecche' suffrite?
Chi parte de sicure turnarra'.
'A nave se' scustata da panchina,
'e mo' tutte stanno aggranfate a na ringhiera
s' affollano pe' da l' ultimo salute,
'a migliaje so' e' fazzulette,
parene palummelle 'a sventola.
'O golfo s' alluntano chiano, chiano
lascianno pe' ricordo a cartulina
Pe nuje Napulitane.

§ 199

NU SANTO CANUSCIUTO

Nu Napulitano feducioso 'e religioso.
Io so' devote si n'appassionato,
so' nu fedele e' chille che va' sempe 'a chiesa,
nce' trase 'o jesco ma sto' sempe lla'!
'O prevete me cunosce gia' ormaje
'e sempe si m'abbiste proje 'a mano
io cu' devozione 'ncia' vaso 'e po' m'inchino,
'e isso sorridente 'e compiacente,
cu chillo sguardo intent 'e fiducioso,
ma io ca' gia capisco 'a tarantella,
le proje 'a stessa busta che denare.
'A ggente pure llore sanne chi so',
chillu bravo giovene 'e vascio 'a Sanita'.
Eppure quanno penzo 'a religion,
io me 'mpapino ca' scelta 'e sti relighie
tra' tanti Sante belle, je fiurelle, belli faccelle,
senza parla' de quadre 'o statuette.
Guardate nun 'e facile io comme faccio?
'A seleziona' stu' Santo abile e' capace,
uno 'e chille ca' spisse fa' miracule,
uno e' chille ca da tunt'e' canusciuto.
Allora nun ce' penzo, nun faccio eccezzione
'jo e' prega a tutte quante, senza seleziona'.
Io sinceramente vurria truva'
nu' Santo miraculous, uno e' chillo da pute' fida',
nu' Santo venerato, e ca sul'io 'o stesso lla' prega',
addo' secretamente da isso
me 'nce' facesse affezziona',
io 'a stu' Santo mo' tenerria secretamente caro,
e pe' de cchiu' le desse tutt'' a devozione.
'O quaje c'a me e' Sante parene tutt'e' stesso,
tenene chelli mantielle luonghe, sandele 'e gunnelle,
senpe che barbe longhe, porteno 'n cerchio 'ncape,
'e nu bastone mmane.

Pircio' voglio nu' Santo cchiu' canusciuto
uno ca' de miracule fosse n'esperto,
uno e' chillo ca nun so' facesse' dicere doje vote.
Maronna quanti vuto co' farria, notte matina e' ssera
Sempe annanza 'a isso me starria.
senza parle da' cera je' cannelotte.
Pe' grazia, 'o pe' miracule recivute, io penzo 'mpazzarria!
Io nun 'o cercasso tanto sultanto amore 'e bene,
cu n"a salute e' fierro, e' n"a mugliera accanto.
Pe' miraculo vurria coccose ognie semmana,
'na vincita d"o lotto, cu dolce int"o paccotte
nu' tern 'o n" a quadern 'e chillo tale suonno.
Vurria na' bella casa, na' machine parcata,
'e ssorde sempe 'a banca, cchiu' na villeta 'a mare.
Ma' po' penzo isso 'a tutte chesto, e' isso 'ncia' putria fa'?
Pircio' 'e importante che trovo nu' Santo canusciuto a tutte,
che me putesse fa' miracule all' istante.
Sta' chi m' ha cunzigliate 'o prottettore e Napule,
'e chi me dice sempe circhetenne 'a n' ato.
Ma' mo' me so' deciso vaco a' direttissima,
me mengo cu' Gesucristo almeno isso se' visto!
Na' fatte e' storia sacra ormaje e' canusciuto.
'E pure pecche' 'e 'o figlio 'a San.Giuseppe,
'e cu na mamma che 'a Maronne 'a Vergine,
Che' se' 'mparentate cu' tutte Il'ati Sante.
Pircio' ogge aggio deciso! Vuje che ne dicite?
No' nun e' cosa? Ma vuje pazziate? Vuje me scunzigliate?
Comme dicite c"o meglio e' 'o Pataterno?
Ma' comme faccio io penzo che sta' assaje affarato,
'e po' io nun 'o cunosco manco, nun l'aggio maje visto!
Aggio fatto na bella penzata, sapite mo' che faccio?
Parlo 'e confide tutto 'a padre Alfonzo, 'e so' sicuro
ca' na risposta isso almeno tenara'.
Pecche io crero ca isso de' miracule ne sape in quantita'.
Pe guante po' a' dimane nuje ce' verimme 'a messa,
'e po' vulenne 'a Dio te spiego tutt" o fatto

§ 200

NAPULE 'NTULETTATO

Napule è sfolgorante stá serata,
Da via Orazio guarde tutto Napule
Belle é ò Vesuvio cú stá luna nova,
Tutt' é allummata, sta' Santa Lucia,
Castel de luovo, 'A villa Margellina,
'O mare cognie tanto fa' diamante
facenne gara 'o cielo stellliato.
Che paravite facite stanne aunite.
À luna fà ruffian st'a serata,
à itte vò fá luce é nammurate.
O galfa malinconico 'e nnammurato
Annasconne 'a tutte quante sott''a luna.
Napule si sempe tú. N'á cartulina.